テーマでとく──────

光のデザイン手法と技術

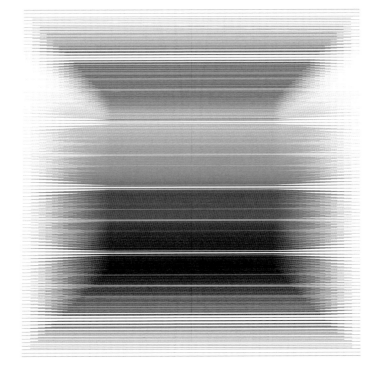

日本建築学会［編］

彰国社

はじめに

環境工学の分野において、教科書として用いられる書物は、私たちが学生のころからほとんど変わっていない。先人が積み上げてきた知見を学ぶことは大切だが、未来を築く力を養うには「+α」が必要なのではないかと考えている。

研究者の立場からすると、研究を行うに至る発想に新たな提案を込めても、現場にはなかなか届かない。研究成果が現場に反映されるまで10年といわれたことがあるが、実感ではもっとかかる。たとえば、LEDの出現はこれまでの概念を大きく変えた。開発した側は、省エネルギーだけでなく、光色や形状の自由度というわれわれの生活を豊かにする技術を、設計者に託したはずだが、目にするものは既存光源に類似したものがほとんどで、変化の足取りは遅い。昼光グレアも多様な設計に適用できるように、手法ではなく評価式を提案しているはずだが、安易にブラインドを閉める設計に走ってしまう傾向が強い。これでは、居心地のよい空間を創造するための学問である環境工学の活かし方として、あまりに残念である。新しい技術や知見に込めた思いを現場に届けるには、もう少していねいな解説や活かし方の事例を伝える必要があり、それが「+α」にもつながると考え本書の企画を立ち上げた。

本書の目的は、素敵な建築・空間を創造するに至る発想と、How toの形を複数示すことにある。本書の刊行委員会へ移行する前の「光・視環境制御ワーキング・グループ」で、設備設計に携わる方々が手がけた空間を紹介し、相互に議論する姿を通じて思いに触れた。利用者に最適なものを考えぬき、自信をもって提供するためのさまざまな試行錯誤を伝えることは、後に続くものにとって大変有益だと考え、第1部の執筆協力をお願いした。執筆者によって、めざすものが類似していても出来上がる空間には違いがあり、視点が異なることも興味深い。解の多様性に着目して読んでいただけるとありがたい。

第2部には、研究者の視点から教科書にはまだ記述されていないが、今の時代の設計にヒントとなる（ぜひ知っていてほしい）情報を掲載した。意匠設計者や初学者でも理解できるよう、わかりやすい表現を心がけたが、内容は課題も含めて理解を促すため専門性の高い事柄にも言及し、できる限り詳細に記述したつもりである。なお、全分野網羅的には記述していないので、型破りの前に基本的な型を学びたい人は、他の環境工学の教科書等と組み合わせていただくとより理解が深まるだろう。

なお、執筆者には長期にわたる執筆作業をお願いし、多大なる労力をおかけした。後進の育成、今後の光・視環境の設計をよいものへ導くためと、常に前向きにご協力いただいたことに心からの謝意を表したい。

いずれにしても、本書が、環境工学分野に留まらず、よい建築・空間を創造したいと願うすべての設計技術者にとって、つぎのアイデアを刺激し、未来の建築・空間の発展に寄与するものとなれば大変ありがたい。

日本建築学会　本書編集ワーキング・グループ

テーマでとく
光のデザイン 手法と技術 ｜目次

第1部　テーマでとく　光のデザイン手法

眺望・採光・グレア制御のカタチ

　建築環境デザインにおいて、自然環境との共生や制御は必須である。室内環境に目をやると、エネルギーだけでなく、居住者にとっての健康性や生産性効率、快適性などの配慮が求められる。光、熱、音などの物理的な環境を整えるだけでなく、質の高い空間や機能、環境を創造し提供することが重要となる。

　光・視環境計画において、「採光」を得る手段のひとつに窓がある。窓が担う主な役割として、「採光量の確保」、「心理的効果」などが挙げられる。建物の開口部から得られる自然光は、気象状況や時間帯により変化する。室内側の利用目的によっては、均質した採光環境を維持するために、自然光の変動を検知し、日射を制御するなどの工夫により自然光を利用している。

　一方、太陽光は強力な光束をもつ光源のため、開口部付近では外光と室内の輝度の対比により、視認性に支障をきたすことがある。人工照明も含めた眩しさはグレアにより、目に刺激を与えて不快に感じてしまう。そのため開口部からの日射を柔らかな拡散光にさせる明り障子など古くからの技法や、ブラインドなどで日射を制御するなどの技術がある。人工照明器具においても、グレア防止のルーバーのほか、作業に合わせて上向き、下向きに可変できる器具も導入されている。

　また、吹抜けやアトリウムなどの大きな空間や、景観が楽しめる空間では、「窓」は利用者にとって屋外の情報を得る役割を担っており、眺望によって開放感や視覚的刺激など心理的な効果が得られる要素になっている。自然光のきらめきや揺らぎ、色などの変化を感じさせる仕掛けとして利用し、空間に安らぎや感動を与える演出効果を狙うこともできる。透明な部材であるガラスの高機能化により、省エネルギーを満たしつつ、大きな開口部をもつことが可能となってきた。

　ここでは、光・視環境における基本的な3つの要素に焦点を当て、いろいろな技術や材料、手法を使い、どのようなコンセプト、プロセスを得てデザインに至ったかを事例で紹介している。古き伝統技術の応用や最新のデザイン手法、光の制御手法など、建築における光環境計画の参考にしていただきたい。

（杉 鉄也）

CASE 1　SAKURA GALLERY　山櫻東京支店

[設計] KAJIMA DESIGN ／［竣工］2017 年 5 月／［所在］東京都文京区
近隣日照配慮のため斜めに欠き込まれた印象的な外形と、社業のひとつ名刺を連想させる明瞭な輪郭をもつ。伝統的技法を活かすことで、心地よい光に満ちたアーバン・スモールビルディングをめざした。

CASE2　ペプチドリーム本社・研究所

[設計] 竹中工務店／［照明デザイン］岡安泉照明設計事務所・竹中工務店／［竣工］2017 年 7 月／［所在］神奈川県川崎市
2006 年に起業した創薬企業の新社屋。多摩川河口近くの新産業創出オープンイノベーション拠点に建設された。外装ルーバーを身にまとうその姿は、創薬会社の船出を思わせる外観となっている。

CASE 3　大林組技術研究所テクノステーション

[設計] 大林組／［竣工］2010 年 9 月／［所在］東京都清瀬市
技術革新のために設けられた研究所。ここは、200 人の研究員を一堂に集約する 2 層吹抜けのワンルーム型ワークプレイスとなっているが、昼光照明による無点灯火をはかるなどパッシブ化を実現した。

CASE 4　東映アニメーション　大泉スタジオ

[設計] 清水建設／［竣工］2017 年 8 月／［所在］東京都練馬区
東映アニメーション大泉スタジオは、わが国でも最初期のアニメーション制作専用施設で、当時アジアでも最大級の規模を誇った旧スタジオを建て替えたものである。

CASE 5　東京大学　総合図書館別館

[設計] 清水建設／［竣工］2017 年 5 月／［所在］東京都文京区
地上の水盤を天窓として、四季を感じられる地下の大図書館。大学キャンパスのランドマークである噴水を同じ位置で建築し、その地下に新たな図書館を実現した。

| CASE1 |

[写真1] 北面窓まわり
上部は明障子で明るさを、
下部は縦フィン＋透過ガラ
スにより緑を取り込む

伝統技能に学ぶ採光と視線制御
SAKURA GALLERY　山櫻東京支店

本プロジェクトについて ───

北側は緑豊かな公園に面し
つつ、南側は狭隘な道路で
周囲は住宅や高層マンショ
ンが近接する計画地（図1）。
その2階に設定された約
270㎡のワークプレイスを、
近隣の視線と日射を制御し
ながら快適な執務環境とす
るよう求められた。平面的
には図2に示すように温熱
環境的に不利な窓際を縁側
的緩衝空間とし、開口部に
は小庇や明り障子を設える
ことで自然光を柔らかな拡
散光として導き入れ、また
人工照明も間接光を主とす
ることでワーカーに優しい
視環境をめざした。

なぜ、伝統的建築技法か

　建築設計とは、光・水・
風・音・熱などを、人の活動
に適した環境に整えるために、
内と外の関係性をデザインす
ることである。それも機械設
備に頼らず、建築的に環境性
能の向上を図ることが、環境
配慮設計だと考える。先達が
培ってきた日本の風土に適し
たさまざまの伝統的建築手法
を、エビデンスをもって今日
的に展開する。熱負荷の高い
外装を、空調や特殊サッシュ
で制御する設計には共感でき
ない。私たちは、さまざまな
プロジェクトにおいて、計画
地の気候風土・方位などを読
み解きながら、建築的に光を
制御することで、ブラインド
レスで快適な視環境づくりを

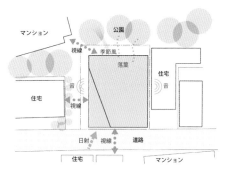

[図1] 建物配置と周辺環境

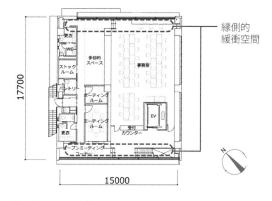

縁側的
緩衝空間

[図2] 2階ワークプレイス

[写真2] 柔らかな拡散光をもたらす明障子（大徳寺　孤篷庵忘筌）

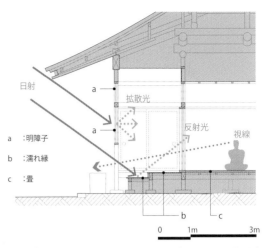

[図3] 障子の拡散光が部屋に広がるしくみ（大徳寺　孤篷庵忘筌）

模索している。

手法1　明り障子の拡散光に着目する

　自然光は制御しないと熱・グレア※1など不快の要因になってしまう。光を適切に導かなければならない。そのためには、建築的日射コントロールが不可欠である。ところが現代建築の多くは、庇などの建築的しかけや工夫に乏しく、適切な内部環境を確保するために、外壁の断熱性を高めたり、開口部をダブルスキンにしたり、高性能ガラスを採用したりはするが、最終的にはブラインドと空調・照明設備に依存している。とはいえ、センサによるブラインドの自動制御では、時間推移・光や雲の移ろいに対して、ユーザに不快感をもたらすことなくきめ細やかに自然光を制御するのはむずかしい。

　本プロジェクトでは、視線と日射をカットしつつ明るさは取り込む手法として、写真2に示す大徳寺孤篷庵忘筌に見られるような柔らかな拡散光をもたらす明り障子に着目した。障子は季節やシーンに応じて手軽に開閉可能であり、さらに取り外すことも、簀戸などに交換することも可能である。和らぎ・安らぎ感をもたらし、かつ拡散性が高く透過率が低い素材であるとともに耐久性や対候性も考慮して現代技術を用いたアルミフレームとラミネート強化された和紙を採用した。

　写真3に示すように、上段から明るさを、下段からは緑を取り込む。緑が豊かな季節には写真4のように障子を全開にすることもできる。

　道路側の窓は、写真5に示すように直射光を取り込み障子で拡散した光が開放感を高めている。輝度的にはグレアが懸念されたが、この空間を縁側として位

[写真3] 北側窓面／上段から明るさを、下段からは緑を取り込む

[写真4] 障子を全開した窓面／季節、時期により環境を整える

※1　グレア
視野内に著しく高い輝度が存在することによって生じる不快感や視作業性・視認性の低下。（くわしくは p.97 第2部4章参照）

[写真5] 南側の開放的な縁側空間

※2　概日リズム
生物にもともと備わる約1日を
単位とする生命現象のリズム。
（くわしくは p.121 第2部6.2
参照）

置づけ通路として用途を限定することで、過度にグレアを抑制する
よりも開放性を優先した。グレア指標にとらわれると、安全側に対
策しがちであるが、明るい窓面には、開放感や概日リズム※2への
好影響もあり、心地よい空間づくりに活かしたい。

手法2　商家の縦格子から着想する

　眺望性・開放感を考慮し、障子は段窓の上段のみとしたが、図4
に示すように、中間庇の高さを視線よりわずかに下げることで、住宅、マンショ
ン外廊下との視線の交錯を和らげた。外の天候や通りの様子は自然に眺めること
ができ閉塞感はない。北側窓も南側と同様の段窓とした。樹木の葉が落ち、高層
マンションまで視線が抜ける時期には、前述の写真3のように上段障子を閉め
る。また、下段方立部分には縦フィンを設置した。縦フィン寸法は図5に示す
ように、隣地マンションの視線をカットしつつ開放感を損なわないよう慎重に決
定された。この手法は図6に見られる商家の縦格子から着想を得たものである。

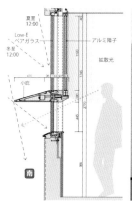

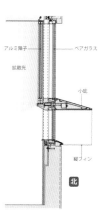

[図4] 断面構成と窓まわりの詳細

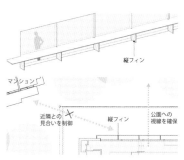

[図5] 縦フィンにより視線を制御する

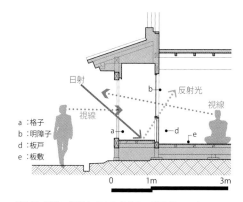

[図6] 視線の制御と光を取り入れる縦格子のしくみ

手法3　寺の漆喰天井の明るさからヒントを得る

　公園側の窓面は、障子窓を全開した場合でも樹木に覆われ、高い輝度は得ら

れない。そのため自然の緑を満喫することはできるが、室内の開放感が乏しくなる懸念があった。しかし間接照明によるアンビエント照明[※3]が、この問題を解決してくれるのではないかと考えた。瑞龍寺大茶堂で見た漆喰天井の思いがけない明るさがヒントになった（写真6、図7）。一般に、オフィスでは「天井面の輝度＜窓面の輝度」という関係のため圧迫感が大きいが、窓で拡散した光によって天井が明るく照射されることによって開放感は改善される。しかし、窓面の輝度が小さく自然光の入射も少ないとき、障子窓は室内の光を受けて明るくなる一定の効果はあるものの、天井面が暗いままでは、効果が半減する。

　そこで、本プロジェクトでは、自然光が天井に導かれたような天井面の明るさを人工照明によって与えた。その結果、障子窓の印象はガラリと変わり、障子を閉めたときに、まるで自然光が障子に入射したかのような窓面と天井の一体感が生まれた。図8は、障子を開けたときと閉めたときの輝度分布の比較であるが、障子部分の輝度が眺望の輝度よりも大きいことがわかる。

　眺望を確保しながら、「天井面の輝度＞障子の輝度＞眺望の輝度」という関係をつくり出すことで、自然光が乏しい課題の解決につながったのではないかと考えられる。

　このような天井面の輝度と窓面輝度の関係は、狭小敷地で開放感を得るための照明の工夫のひとつの解ではないかと思う。

伝統的技法の継承に向けて

　光環境・窓まわりの計画において、私たちはどうも設備や機械に頼り過ぎてきたようだ。オリエンテーションを考慮しない外観デザイン、たとえば透明なガラス建築を謳いながら結果的には常時ブラインドが降りたままとなり、昼光利用が図れていない。風土に根差した先達の知恵や工夫をもう一度見直すべきではないだろうか。深い軒・庇・土間・三和土・濡れ縁・床の間・付け書院・蔀戸・格子・簾・暖簾・几帳・屏風など、時の移ろいに合わせて設えで環境を整えていく。反射光や拡散光の巧みな使い方、また光だけでなく雨・風・熱・音・眺望・視線・防犯にも配慮された脇町商家の窓まわりの事例など、そこには伝統と経験に基づく先達の知恵が凝縮され多くのヒントが隠されているように思う。消費される技術よりも、継承されてきた知恵をさらに次世代につなぐことがわれわれに課せられた役割ではないかと痛感している。　　　　（米田浩二）

※3　アンビエント照明
主にその場の空間の明るさの印象をつくる目的で設置する照明のことをさす。

［写真6］瑞龍寺大茶堂の漆喰天井

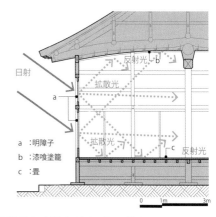

a：明障子
b：漆喰塗籠
c：畳

［図7］障子の拡散光が床と天井で反射するしくみ

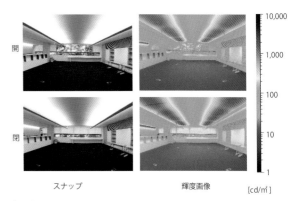

開

閉

スナップ　　　　　輝度画像　　　　［cd/㎡］

［図8］障子開閉による輝度画像の比較

眺望とグレア制御を両立する帆
ペプチドリーム本社・研究所

[写真1] 帆のようなルーバーをまとう外観

本プロジェクトについて

北側眼前に多摩川・羽田国際空港を望む南北に細長い整地である。多摩川の滔々とした時間の流れと、その先に広がるはるか品川から浦安界隈までを見渡せる恵まれた眺望が、圧倒的な存在感を放っている。この豊かな風景を享受できる環境をつくることが計画の目標であった。

開くかたちの探究と眺望と光制御の両立

会社の成長と研究開発機能の強化に対応できる最先端の研究拠点を創出するために、建築主から与えられたテーマは「多摩川のほとりに、快適な研究環境を創造する」ことであった。

このニーズを具現化するために、①環境に開く湾曲したかたち、②眺望と日射制御の両立を、設計のコンセプトとした。

手法1 **プランを湾曲化させることで眺望を最大化**

敷地形状は南北に細長く、北側からは多摩川などが一望できる眺望にもかかわらず間口が狭い（図1）。オフィスとラボが並行して配置される医薬系ラボのプログラムと、眺望の開いた北側の開口が狭い敷地という、相反する与条件を調整する必要があった。

頻繁に行き来するラボエリアとオフィスの動線を短くするためには、平行して隣接させることが望ましく、通常のプログラムでは、中央にラボを配置し窓際（東側）に並行してオフィスを配置することになる。その場合、オフィスからは北側の眺望に制約を受けることになる。そのため、オフィスエリアを湾曲させる平面形状とすることで眺望を最大化させることにした（図2）。

安定した光環境が必要なラボエリアを中央に配置し、排

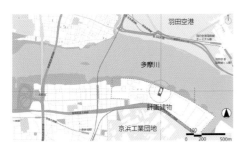

[図1] 立地

気などの実験機能を天井内に収納するために、天井高さは 2.85m とした。窓際には最大限の眺望を確保するよう天井高さ 3.7m のオフィスを配置した。

ラボとオフィスがそれぞれ必要とする天井高さにすることで、平面的な空間の拡がりが高さ方向にも補完され、グラデーショナルな開放性の強さが高められていった。

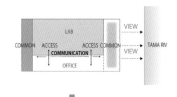

[図2] 湾曲した平面形状の検討

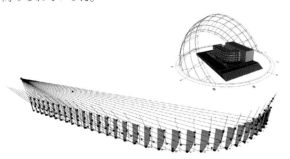

太陽軌道とガラス面の方位をパラメーターとして生成したフィン形状

GrasshopperプラグインのLadybugによって日射遮蔽量を検証

[図3] アルゴリズム計算による検証

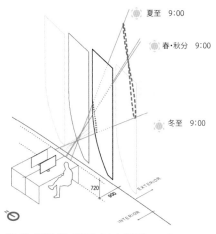

[図4] 太陽軌道に最適化された外装膜ルーバー

手法2 **外装ルーバーで眺望と日射制御の両立**

東面から北面にかけて、オフィスを外壁側に配置したことにより、眺望は確保できるが、日射の影響を大きく受けることになる。そこで、日射遮蔽と光環境制御を両立する外装膜ルーバーの設置を検討した。

まず、眺望を確保しながら日射を遮蔽する必要があるため、太陽軌道とガラスの方位をパラメータとして外装膜ルーバーの角度、幅をアルゴリズム計算[※1]により求め、さらにその際の日射遮蔽量により最適化の検証を行った（図3）。

最終的には、眺望を確保しつつ、ルーバーによる閉塞感を軽減させるため、机上面の日射を防ぐようルーバーの角度と形状を決定した（図4）。図5に外装ルーバーの形状形成の検討プロセスを示す。

※1　アルゴリズム計算
プログラムによって問題に対する最適解を求める手法。ここでは「遺伝的アルゴリズム」を用いた。

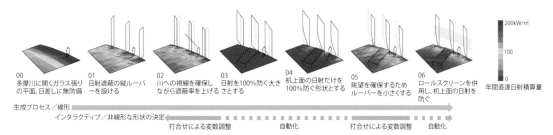

00
多摩川に開くガラス張りの平面。日差しに無防備

01
日射遮蔽の縦ルーバーを設ける

02
川への視線を確保しながら遮蔽率を上げる

03
日射を100%防ぐ大きさとする

04
机上面の日射だけを100%防ぐ形状とする

05
眺望を確保するためルーバーを小さくする

06
ロールスクリーンを併用し、机上面の日射を防ぐ

[図5] 外装ルーバーの形状形成の検討プロセス

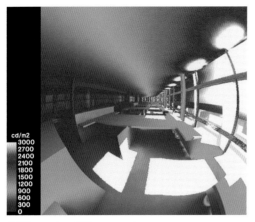

[図6] ルーバーの輝度シミュレーション

cd/m2
3000
2700
2400
2100
1800
1500
1200
900
600
0

※2 グレア
⇒p.5※1参照（くわしくはp.97
第2部4章参照）

40種類の外装ルーバーの形状をコンピュータによるシミュレーションにより早期に最適化を図ることができた。外装のルーバーは8％の透過率をもつPVC（塩化ビニル樹脂）膜で製造され、ヨットの帆のような形状とし、建築主の船出を象徴するように「セイリングルーバー」と名づけられた。

大学の協力により、ルーバーによる輝度シミュレーションを行った（図6）。最大でも3,000cd/㎡であり、ロールスクリーン等との併用であれば、視作業への影響は少ないと判断した。

また、通り芯ごとの外装面への時刻別の輝度分布の計算を行った結果、ルーバーのオフィス内へのグレア※2影響については執務時間帯にグレアが大きくなる時間帯はほぼないことを確認した。

実際の運用では、外装のルーバーの他にロールスクリーンを併設し、時間帯によってはスクリーンを手動で個別に操作できるようにしている。オフィスからの視界の見え方について、事前にBIM（Building Information Modeling）により日射の遮蔽状況と眺望を検証した。

[写真2] オフィス内観　南側への視線

[写真3] オフィス内観　北側への視線

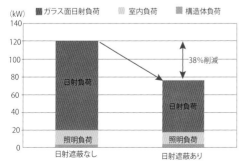

[図7] ルーバーの有無による熱負荷の比較

写真2、写真3は実際の視界の見え方である。オフィスエリアは、当初の方針とおりPVC膜によるルーバーにより日射を和らげ、南側の周辺建物の視界を遮るとともに、北側への眺望を確保することに成功した。また、ラボエリアとオフィスエリアはガラスの間仕切りとし、ラボエリアへの自然採光と眺望が得られるなど、快適な研究空間となっている。

環境性能の比較検討も同時に行った。図7はルーバーの有無による熱負荷の比較である。ルーバーありの場合、熱負荷は38%削減できることを確認した。

[写真4] 上下配光・調光式オフィスペンダント照明
デザイン監修：岡安泉照明設計事務所

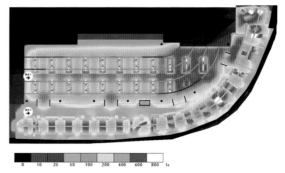

[図8] 照度シミュレーション

手法3 照明計画と明るさ感指標の検証実験

　基準階の天井照明は平面形状に合わせて、ライン状に同カーブを描き配置した。ラボエリアは天井直付型、オフィスエリアはタスク・アンビエント照明[※3]とし、上下配光、調光式のペンダント照明器具を設置している。

　写真4はオフィスの照明の点灯状況を示す。上下配光の照明は天井面を明るく照らし、自然採光との相乗効果により快適な光環境を創り出している。図8に照度シミュレーション結果を示す。ラボエリアは設計照度500 lxとし、手元にタスク照明器具を配置し800 lx以上の照度を確保している。オフィスエリアはアンビエント照明で300 lxとし、手元のタスク照明[※4]で700 lxを確保できるようにし、明るさセンサーによる調光制御を行っている。

　また、上下配光照明器具とルーバーのある窓からの光が与える空間の明るさ感[※5]やまぶしさ（グレア）を被験者実験にて実測評価した（写真5、図9）。

　case1（上下配光）と3（下方配光）、2（上方＋下方1/2配光）と4（下方1/2配光）と5（上下1/2配光）の比較から、上方光束が「空間全体の明るさの適当さ」に寄与すると思わせる結果となった。申告値と各種明るさ指標（作業面照度、鉛直面照度、輝度算術平均、輝度幾何平均など）と夜間・ブラインドありの場合は、輝度平均である程度の相関性が見られた。とくに窓に高い輝度がある場合（日中）は有効な指標はなかった。言い換えれば、日中は不快を感じさせない柔らかな外光が、執務空間の光環境の快適性に大きく寄与しているとも推測される。

コンピュテーショナルデザインへの期待

　コンピュテーショナルデザインは、限られた設計期間でも複雑かつ大量な検証を迅速に行う事が可能であり、さらには、建築主とのコミュニケーションのためのツールとして期待できる。本建物においても、外装の日射遮蔽や眺望について数千パターンもの検証を繰り返した結果、太陽の1年間の軌道をトレースするように弧を描いた「セイリングルーバー」の最適な角度や形を導き出すことができた。

（杉 鉄也）

※3　タスク・アンビエント照明
視作業のための明るさと空間の印象を導くための明るさを、それぞれ検討を行う照明計画手法。（くわしくはp.110第2部5.4参照）

※4　タスク照明
主に視作業を円滑に行う目的で設置する照明のことをさす。

[写真5] 被験者試験状況

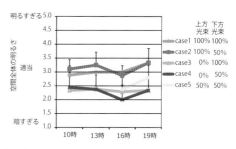

	上方 光束	下方 光束
case1	100%	100%
case2	100%	50%
case3	0%	100%
case4	0%	50%
case5	50%	50%

[図9] 明るさ感申告値の結果

※5　空間の明るさ（感）
空間の印象としての明るさをさす。本書では、視認性を確保するための明るさ（たとえば作業面照度）とは区別して扱う。（くわしくはp.108第2部5章参照）

窓がつくる居心地のよい空間
大林組技術研究所 テクノステーション

[写真 1] 光あふれるワークプレイス

本プロジェクトについて ──

技術の革新・実証・発信をめざし、研究機能の集約と知の融合により革新的技術を創出し、広く社会に発信していく新たな拠点として 2010 年に完成したプロジェクトである。コンセプトは最先端の研究施設・環境配慮施設・安全安心施設を実現するサスティナブル建築であり、ZEB（Net Zero Energy Building の略称）をめざした高い省エネルギー・低炭素性能と知的生産性の両立である。計画中はもちろんのこと、運用後も人の快適性や健康に配慮した建築として WELL 認証の取得等に取り組み、今もなお持続的に改善が行われている。

オープンプランオフィスと採光・眺望確保の両立

　本施設は、建築・土木・環境など専門分野の異なる総勢 200 人の研究員が勤務するワークプレイスをめざし、横 90 m、奥行き 18 m、天井最高部の高さ約 8 m という大きなワンボックスオフィスとして計画された。これは、知識創造の誘発を意図しての選択であるが、同時に自然光や植栽等の緑も知的生産性や快適性向上に効果があるとされており、双方の利点を享受するためにさまざまな採光手法や窓から望む視界のあり方について検討した。

　一般的なオフィスビルでも間仕切りのないオープンプランとする例は多いが、大きな空間になるほど昼光や眺望の確保は場所による偏りが生じ、「オープンプラン」か「採光および眺望」のどちらかを選択せざるを得なくなる。これらの両立をめざし、本プロジェクトでは、窓の役割を改めて整理し、それぞれに適した計画を行った。まず、執務環境の安定した明るさの確保を目的として天井面にトップライト[※1]を設け、次に、眺望確保を目的として緑豊かな景色が望める南面に高天井を活かした窓を配した（写真 2）。そして、東西面の壁面は、日射遮蔽用の縦型ルーバー（写真 3）を設け、そこから差し込む光によって壁面を明るくし（人工照明におけるウォールウォッシャー[※2]のような役割）、適度な空間の明るさ感をもたらすこととした。

手法1　安定した明るさを生み出すトップライト

　太陽の軌跡から考えると、直射日光を含まない安定した天空光を取り入れたい

[写真2] 南面から望む植栽

[写真3] 東面に設置した縦型ルーバー

※1 トップライト
採光のために屋根に開けられた天窓。

※2 ウォールウォッシャー
壁面全体を照射することを目的とした照明手法。

※3 人工照明の変更
竣工時（2010年）において最高効率であった高周波点灯専用蛍光灯（63形）を段調光するシステムを採用したが、2014年に、連続調光型LED照明に更新している。

[写真4] モックアップによる検証
施工段階で実物大のモックアップを製作し、照度測定の結果に基づいてシミュレーションを行い、器具の配置と台数を決定した。

場合、トップライトは北側に採光窓をもつことになる。南側に採光窓を設けた場合と比べて、直射日光がない分だけ採光量は小さい。室内全体に安定した均質なアンビエント照明を供給することが執務室にとって重要であると考え、大きな北面トップライトを採用した。併せて、トップライトには人工照明※3が間接照明として組み込まれており、昼光で不足する光量を自動制御により補っている。これによって執務者が光の由来が昼光か人工照明かをあまり意識することなく、アンビエント照明環境を享受することができる。また、夜間においても光の到来方向が大きく変わることがなく、安定した光環境の継続性を担保している。実際に運用を始めてみると、トップライトからの昼光の割合が大きく、時間や天候によるゆるやかな明るさの変動があり、執務者はこれを自然の移ろいとして感じ取ることができ、心地よい光環境をもたらしている。

　トップライトの内部は、昼光と人工照明の配光が北側の室奥へ届き室内全体がなるべく均一な照度を得られるように、形状に工夫をするとともに、人工照明の影響も踏まえてトップライト内面の輝度が均一に見えることをめざした（写真4）。また、晴天時でのアンビエント照明の無点灯化も設計目標に掲げ、自然光

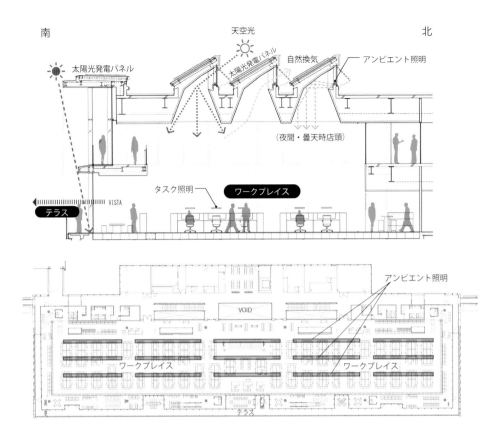

南　　　　　　　　天空光　　　　　　　　　　　　　　　　北

太陽光発電パネル　　　　　太陽光発電パネル　　自然換気　　アンビエント照明

（夜間・曇天時店頭）

タスク照明　　ワークプレイス

テラス　　VISTA

アンビエント照明

VOID

ワークプレイス　　　　　　　　　　　　ワークプレイス

テラス

[図1] ワークプレイスの断面図と平面図

[図2] 明るさ画像による検証
輝度分布から求める明るさ画像
を用いて検証し、アンビエント
照明の無点灯状態であっても、
陰鬱な雰囲気にならないことを
事前に確認した。なお、明るさ
画像とは、中村氏が提案した、
明るさ知覚を定量化する指標「明
るさ尺度値NB」を用いて画像
化したものである。

だけで得られる空間の明るさをシミュレーションにより確認した（図2）。設計目標値は、曇天日で日中に 300 lx 程度の照度確保としたが、運用実績としては、年間を通し晴天日の昼間に 1,000 lx 程度の照度が得られており、タスク照明を含めた無点灯化を実現している。

　トップライトの外部形状は、南側に太陽光発電パネルを設置する計画から、年間の発電電力量を最大化するために傾斜角を 30° とした。また、採光窓は季節のよい中間期には開放することによって自然換気窓の機能も兼ねている。床下空調空間に外気を取り込み、居住域を置換換気した空気が、トップライトを通して外部へ流れ出る。このようにトップライトを含む窓・屋根システムは、光環境のみならず、複合的な機能を併せもち自然エネルギーを有効に利用することで、快適性と省エネ性を両立させている。

　運用後のさらなる省エネ化検討として、コミュニケーション中の室内全体の明るさに対する許容度についてアンケート調査を行ったところ、コミュニケーション量が多いとアンビエント照明に求める照度が高く、コミュニケーション量が少なくなるにつれアンビエント照明の必要照度は低くても許容されている。この結果を基に、コミュニケーション頻度が低くなる夜間においては設定照度を段階的に下げる運用（19 時まで 300 lx、20 時まで 250 lx など）を行っている。

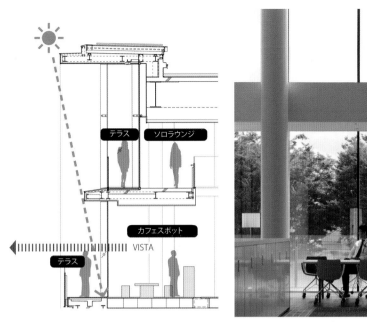

[図3] 南面断面図

[写真5] 南面窓近傍の様子

手法2 眺望の確保をめざすグレア制御手法

　南面には、けやき並木と芝生の前庭の眺望を確保する窓を設けた。窓からの距離が遠い席でも外を眺めやすいように、2層分のフルハイトの連続窓となっている。しかし、窓面を大きく取ることは、眺望性と採光を高めることができる一方で、不快グレア※4が発生するおそれがある。この対策としていくつかの工夫をしている。

　まず、図3に示すように、庇を設けて直射日光の室内への侵入を減らし、併せて窓近傍に打合せスペースやカフェスポット（写真5）を緩衝空間として配置することで、執務空間への影響を減らした。また、南面の植栽は輝度の高い天空や近隣建物を臨む分量を下げ、前庭に入射する直射日光を適度に遮るため、地面からの反射を抑える効果も期待できる。

　しかしながら、このような対策を講じても、太陽高度の低い季節や時間帯には執務空間に直射日光が差し込むため、ブラインドを使用する必要がある。手動ブラインドの場合、一度閉じてしまうと開けるタイミングを失い、開かずのブラインドとなってしまうことが多い。また、自動制御ブラインドとする場合も、直射日光の遮蔽が主目的となるため、窓面のグレアを抑えるためにスラット角※5が深めに制御され、眺望や昼光を必要以上に遮断する傾向がある。本プロジェクトでは、グレアを抑制しつつ、可能な限りスラット角を浅くし、眺望を確保するとともに昼光導入にも寄与することをめざした。そのために、天候の情報を用いたリアルタイムで最適な視環境を形成するスラット角制御方法を開発・採用した。

　開発したシステムは、一般的なブラインド制御に使用される太陽追尾式照度計（写真6）による天空状況の把握に加え、対向建物や建物自身の日射遮蔽物（庇、ブ

＊4　グレア
⇒p.5※1参照（くわしくはp.97第2部4章参照）

＊5　スラット角
ブラインドの羽の角度

[写真6] 太陽追尾式照度計
太陽位置、直射日光照度、全天空照度等をリアルタイムで計測する機器。

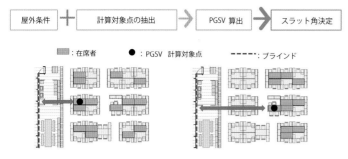

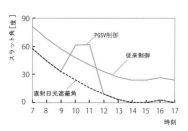

[図5] 制御方法によるスラット角の違い（冬至・晴天）

窓に近い在席者が多い場合
ブラインドは閉じ気味

窓から遠い在席者が多い場合
ブラインドは開き気味

[図4] ブラインド制御のイメージ

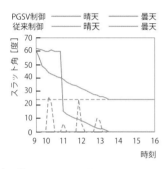

[図6] スラット角制御状況

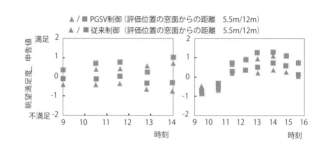

[図7] 眺望の満足度　左は曇天時、右は晴天時

※6　在席検知手法

在席・不在は、社員証に備えられている IC タグ機能により検知が可能である。本機能は、グレア制御だけでなく、不在 時のデスク照明の消灯や、アンビエント照明における不在エリアの減灯制御、空間のパーソナル制御にも利用されている。

※7　PGSV（Predicted Glare Sensation Vote）

昼光グレア評価式のひとつであり、日本人を対象にした実験から求めた特徴がある。詳細については p.98 第2部 4.4 を参照。

ラインド）などの影響を考慮することと、在室者のいる領域※6 に代表視点を決定し、まぶしさの程度をグレア評価式 PGSV※7 により算出し、不快グレアを生じないスラット角に制御するものである。一般的にはどの座席に執務者がいるかにかかわらず、すべての座席でグレアが発生しないように制御することになるが、本システムでは図4に示すように、在席情報を用いることで窓際の執務者が不在であればブラインドを開放傾向で運用することができる。

　本施設での冬至の晴天日における制御手法ごとのスラット角を図5に示す。従来の制御方法では、ブラインド面の反射の影響によるグレアを正確に予測できないため、太陽追尾式照度計から求めた直射日光遮蔽角（破線）よりも安全側、つまり深めのスラット角を設定する（実線）。一方、グレア評価式（PGSV）に基づく制御を行う場合、状況を正確に予測できるため、過不足ないスラット角設定が可能となる。

　図6は12月の曇天日と晴天日の制御状況実測例であり、この環境下で執務者アンケートを実施したところ、晴天日の9時〜11時を除いて、グレア評価式に基づく制御時に眺望満足度が上昇していることがわかる（図7）。時々刻々と変化する天候に合わせ、きめ細かに制御を行うことは、初期の設定に労力がかかるが、少しずつでも眺望や採光を増加させる積み重ねが最終的に大きな効果となり、執務者の快適性や省エネ性を生み出しているといえる。

手法3 　未来の目標を設定し継続的に成長する建築技術

　一般的に、建築は完成後、不具合が生じて是正を行うことはあっても、設備改修などがない限り、新たなシステム導入をすることはない。しかし、本プロジェクトはバックキャスティング方式といって、建物が将来どの状況であることが望ましいかという目標をあらかじめ設定し、完成後にも新たな技術や提案を取り込みながら建築の成長を続けていくという手法をとっている。

　2008年の計画当初、2020年における達成目標をZEBと知的生産性の両立とした。2010年の竣工後も、省エネ性を高めるだけでなく、ヒューマンファクタへ切り込んでいくことを掲げ、さまざまな技術を導入し続けた。紹介したトップライト内の人工照明のLED化やグレア制御技術、設定照度変更制御も完成後に導入した技術である。このほか、輝度に着目した人の明るさ感に基づく照明制御手法[8]等の導入も行っている。少なく見積もって躯体の寿命が100年、設備の寿命が10年に対し、人の価値観や働き方の変化、技術の進化はより早い速度で進み、相互のズレが生じてくる。建築は完成したのちに人が時間を過ごすことで命が吹き込まれる。未来を見据えた目標へ向かい、ユーザの声を聞きながら改善を加えていくことが、建築を活かすということであると考える。

　また、めざすべき姿・目標を先に掲げることによって、技術の進化の速度を速める効果も期待できる。自社研究所であるから次々と新たな技術の導入が可能なのだという声があることも理解しているが、自社研究所だからこそ新しい技術に挑戦することができる場であるととらえている。建物は、完成直後がピークではなく、人の快適性や省エネ性を向上させる技術と制御を継続的に模索・提案していくことも今後の設備技術者が取り組むべきことであり、本プロジェクトが、このような流れをつくり出すきっかけだった、といわれる未来があれば大変うれしく思う。

(小島義包)

※8　人の明るさ感に基づく照明制御手法
輝度カメラ画像を基にした制御手法であり、同様の技術の導入物件を第2部COLUMN05-03（p.116）で紹介しているので、参照されたい。

配光可変照明を取り入れたアニメ制作専用施設
東映アニメーション 大泉スタジオ

写真1 スタジオ内観

本プロジェクトについて

本スタジオは、アニメータの創造性を最大限に発揮する快適環境をコンセプトに掲げ計画した。問題は作業内容が多岐にわたることに加え、アニメータごとに好ましい環境が異なることである。制作種別ごとに机上面に必要な明るさが異なるほか、机上面を照らす光の向きにも各アニメータのこだわりや細かい要望がある。一方で、相互の作業の連携を考えると、オープンプランが望ましく、この両立が本計画の課題であった。

可動機構付照明器具の提案

旧スタジオは、制作業務の拡張やデジタル化など制作環境の変化に構造的制約により応じることができず、複数の建物にアニメータが分散して配置される等業務への影響が発生していた。本計画ではスタジオ空間を遮るものがない大空間（オープンプラン）とすることで、制作業務の変化に柔軟に対応でき、アニメータ同士が同じ空間を共有しているという意識をもたせることをめざした。また可能な限り天井を高くしてほしいというユーザの要望にこたえ、天井材を張らず躯体現しとしたスケルトン天井として、開放的な制作空間を提供することとした。

空間全体の統一感を維持しながら、個々の工程で求められる環境を実現することが求められた。この空間に望ましい照明器具として、同一器具でありながら、照明器具本体の反射板に可動機構を設け、配光特性を個別に調整可能な可動機構付照明器具を開発した。たとえば、デジタル作画時は画面への映り込みを避けるために手元へ直接光が当たらないことが望まれるが、一方で旧来のアナログ作画を行う場合は手元の照度を十分に確保することが望まれる。これらの要望を同一空間で実現するためのアイデアである。

開発した照明器具には、灯体の両端に取り付けられたエンド板部分のボールジョイントにて任意に角度が調整可能な反射板を設けている。この反射板の角度を手動にて調整することで、灯体からの光を上向配光、上下向配光、下向配光と個別に調整できるようにしている。

灯具状態	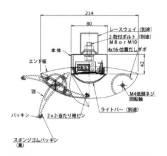フレーム開状態 （上面開放／上向配光）	LED照明器具 フレーム開状態1（上下面開放／上下向配光）	フレーム開状態1（上下面開放／上下向配光）
断面図			
設置実際			
特徴	間接照明とすることで映込みの原因となる光漏れがなく、画面が見やすい環境	フレーム開と閉の間で表現された個人ごとの好みによる環境	作業面が見やすい明るい環境
照度	低	↔	高
用途	ペンタブレットやVDTを用いたデジタル作画	各作業での個人ごとの嗜好	手書きによるアナログ作画・背景工程

［図1］可動機構付照明器具による光環境

手法1 取付け高さと反射板を工夫し配光制御

　ユーザによる反射板の調整の利便性、および上向き配光時の天井面の照射具合の両面より取付け高さを検討し、照明器具下端高さを床面から2.6 m とした。可動式反射板の角度を変えた3パターンの活用例を図1に示す。図2に示すように反射板の裏面は一様ではなく、部分によりそれぞれ異なった角度となるよう工夫されている。これにより、正反射光によるまぶしさの発生を防ぎ、反射した光がさまざまな方向に広がるようにしてグレア対策[1]にも配慮している。

　もっとも苦労した部分は、可動反射板を閉じた際の突合せ部の光漏れ対策である。とくにデジタル作画の現場では、外光を遮りアンビエント照明も極端に落とした暗い作業環境での作業を好む傾向にあり、わずかな光漏れもデジタル作画時の画面への映り込みの原因になる。反射板先端に取り付けるパッキンの形状、強度について異なる材料・形状での検証を繰り返し行い、器具下方向への光漏れを起こさない品質を実現した。またボールジョイントによる反射板の可動機構についてはとくに明るい環境での作業を好む背景作画のチームより、可能な限り調整角度を細かくしてほしいと注文があったため、当初3ステップで考えていた可変角度を、最終的には16ステップ（約12°/1ステップ）まで変更可能なように改良した（図2）。また、自席PCからの調光制御により照明器具一台ごとに10～100%の調光が可能としている。

竣工後の状況

　写真3に竣工後の状況を示す。片側の反射板を閉じ、もう片側の反射板を開くなど、非対称の配光特性として、デスクライトと同じような感覚で利き腕の影ができないよう光の向きを調整するなど、個別の調整の様子が確認できる。またデジタル作画エリアは昼間でもブラインドと暗幕を完全に閉め、外光の影響を遮断することで、人工照明による制御が容易となり、最適視環境を提供している。

（藤岡宏章・加藤勇樹）

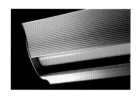

［図2］ボールジョイントによる可動機構

※1　グレア
⇒p.5 ※1参照（くわしくは p.97 第2部4章参照）

［写真2］可動反射板拡大図

［写3］竣工後写真

| CASE 5 |

水盤がもたらす揺らぐ光の地下空間
東京大学　総合図書館別館

[写真 1] 地下 1 階ライブラリープラザ

本プロジェクトについて ──

本図書館別館は、1928 年に完成した既存の総合図書館本館（書籍約 130 万冊収蔵）の機能強化を図るため計画された。地下 2 ～ 4 階に自動化書庫（300 万冊収蔵）を設け、地下 1 階には全学の学生が集い、能動的学習を自由に行うことができるライブラリープラザが設置されている。

歴史の記憶を継承する広場

　この広場には、かつて関東大震災で消失した旧図書館があり、その後建設された現存の総合図書館本館建設時に広場が整備されると共に、防火水槽としての役割も担った噴水が設置され、ここを訪れる学生を初めとした人々と共に歴史を重ねてきた。キャンパスの魅力とは、個別の建物だけによって醸成されるのではなく、学生が集うオープンスペースが重要であり、この場はその役割を長く担ってきた訳である。本計画の起点は、書庫の狭隘化により新しい図書館が必要となったことではあるが、その建設によってオープンスペースを失っては、キャンパス全体の魅力を損ないかねない。そこで、新設の図書館建設と、オープンスペースの維持を両立するために、建築をすべて地下に埋め、地下 4 階建てとする計画（図 1）が提案された。

　ただ、訪れたことがある人はわかるだろうが、この広場は図書館本館のほか法学部や文学部の建物に囲まれており余白がほとんどない。広場を維持するために地下 4 階の計画を決めたものの、相当なボリュームをもつ構造物の構築は、一般的な構法では困難を極める。しかし、ニューマチックケーソン工法という橋脚の基礎工事などに用いられる土木技術を用いることで、この広場を維持することを可能とした。もちろん、構法自体は光環境に直接関係ないが、歴史の記憶を継承し利用者に居心地のよい場を提案するためには、このような技術に支えられてのことであることもぜひ知っていただければありがたい。

　なお、着工前に行った埋蔵文化財調査によって、旧図書館のレンガ基礎や加賀藩邸の水路石組みが発掘され、その歴史的遺構をこの場の記憶として残すた

め、旧図書館基礎を広場のベンチとし、水路石組みをスライスして敷石に組み込むなど、位置を保存した形で広場の一部として活用する計画となっている。この広場は、さまざまな要素を包含し、江戸から明治、昭和・平成と歴史の記憶をつなぐ場として計画されたのである。

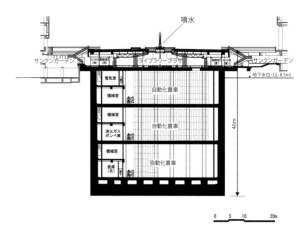

[図1] 地下大深度図書館の断面図

手法1　広場と地下をつなぐ噴水を兼ねたトップライト

　広場中央に位置する噴水もまた、歴史の記憶を継承する重要な要素であり、そのあり方は多く議論された。モニュメント的に相輪塔のみを元の位置に戻す計画もあったが、長く広場にあった水の記憶を継承するとともに、本計画の大きな魅力のひとつである地下1階のライブラリープラザと広場をつなぐトップライト[※1]としての役割を担う噴水として復活させることとなった（写真2）。

　もちろん、地下に図書を収納する建物の上に水を湛えた噴水を設けることに対する否定的な意見もあったが、集中的な豪雨（ゲリラ豪雨など）や積雪による荷重、地震による歪み、人が水盤に立ち入る可能性など、あらゆる側面から検討の上対策を講じることで懸念を払拭した。結果として、地上と地下空間の連続性を生み出し、噴水がもつ象徴性という意匠的な側面だけでなく、水面を通した揺らぎのある自然光により時間の流れや季節の変化を感じられる空間創出は、ライブラリープラザの魅力を高める大きな要素となっている（写真3）。

[写真2] 再生された噴水から見た広場夜景

※1　トップライト
⇒ p.13 ※1参照

手法2　円形に広がるライブラリープラザの照明計画

　地下1階に設けられたライブラリープラザの天井を見上げると、国産杉無垢材で作られた印象的な木製ルーバーが目に入るが、複数の役割を担っている。1つ目は、円形の空間の特性上、ささやきの回廊といった現象も含め、200人の利用を想定すると話し声が必要以上に反響してしまう可能性があり、それを防止するため、壁面の仕様（孔の大きさの異なる二重の有孔吸音板による高い吸音性の仕上）と併せて、適度に音を吸収・拡散させる役割を担っている。そして2つ目が、照明器具の存在感を弱めグレアを感じさせず、やわらかい光を生み出す役割である。3つ目は素材の特性であるが、スギの香りによるリフレッシュ効果である。ここでは、光環境の観点からの木製ルーバー検討過程を紹介したい。

[写真3] 噴水トップライト
一部、ロールスクリーンを引いた状態

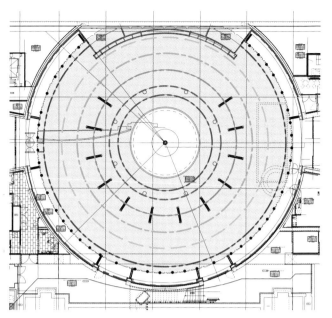

[図2] ライブラリープラザ照明調光区分（色線が照明）

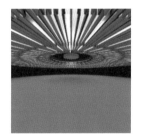

放射状配置（上下照射）

放射状配置（下向き照射）

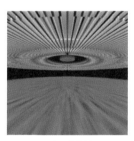

同心円状配置

[図3] 簡易照明シミュレーション

[写真4] モックアップ写真

ライブラリープラザの机上面における設計目標照度を500lxと定め、まずは、木製ルーバーと照明器具の配置を図3に示す3条件でシミュレーションにより検討した。床面に落ちる影を見てもらうと違いがわかると思うが、木製ルーバーに沿う形で放射状配置とし上下照射を行うと一様となる。一方で他の2条件は木製ルーバーによる陰影が生じている。ライブラリープラザは、学生が集い、能動的学習を自由に行う場所であり、緊張感を生じる均質な空間ではなく、トップライトからも水面による揺らぎを感じさせる表現を用いている。人工照明においてもその意図を反映したものとするには、視作業に影響を与えない程度の陰影が生じることが望ましい。ただ、視作業に影響を与えない陰影の判断はシミュレーションでは出来ないため、部分モックアップを作成し、関係者と合意形成を図ると共に確認を行っている。写真4は作成したモックアップの様子である。

モックアップで確認したところ、同心円状に照明器具を配置することで、木製ルーバーの側面が一様に照射され、空間の明るさ感※2が向上することも把握でき、同心円状配置の方針を決定するに至った。なお、ライブラリープラザは、噴水を兼ねたトップライトを中心にして、同心円状に空間用途が配置されている。たとえば、円の中心ではステージのように利用し、外周の壁面は連続してホワイトボードが設置され、グループ学習での板書やプロジェクター投影などに活用できる。この機能の違いに対応するためにも照明器具の同心円状配置は望ましく、調光区分も図2の色分けのように設定している。この調光区分は、トップライトからの自然光の入射量で不足する部分に人工照明を利用するという観点からも適切である。

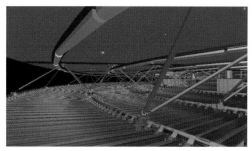

[図4] デジタルモックアップ
ライブラリープラザの天井木格子の組立て方をデジタルで検討

また、この木製ルーバーは、外周にある入口付近は低く、中央へ行くほど高く設置されており、地下の空間でありながら、トップライトの方向に視界が開け空間の広がりを感じさせる事を意図している。そのため、天井面を明るく軽く見せるほうが望ましいと考え、一般的には

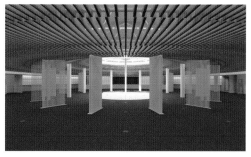

[図5] 照明シミュレーションによる照明CG（昼　晴天時）

木製ルーバーの上部に位置する天井内は黒色とすることが多いが、モックアップで仕上げ材（グラスウール）をグレーとしたほうがよいことを確認し決定した。相関色温度※3に関しても木製ルーバーとのなじみを確認し3,500Kにすることとした。

同心円状に配置された木製ルーバーは見る位置によって表情が変わる。そこで次の検討として、視点の位置を自由に変更できるデジタルモックアップ（図4）およびBIMを利用した照明シミュレーション（図5）を行い、空間および照明の見え方を確認すると共に、木製ルーバーの組み立て方の検討を行った。なお、UGR※4の値は最大で15.6であり、学習環境として問題ないと判断した。

人工照明のみでの運用を行う際には、トップライト部分に電動ロールスクリーンが設置されており、外光を遮断することが可能である。この機能は、夏季における昼光に由来する熱負荷を低減させるという観点からもメリットが大きい。

手法3　**漏れ光を活用した広場の照明計画**

キャンパス空間の照明は、商業施設とは異なる静かで穏やかな趣をつくり出さねばならない。教室から漏れる光は間接的にその活動を表出するものであり、大学のもつ魅力のひとつである。校舎で囲まれたこの広場は、漏れ光によって控えめながら十分な明かるさが得られていたことから、順応レベル※5を不要に高める危険がある照明器具（たとえば高輝度の発光面が露出しているもの）は避け、歴史的な遺構であるベンチの下部への間接照明等とした。この手法により、教室からの漏れ光やベンチの印象を高めると共に、重心が低く柔らかい光に包まれる落ち着いた空間を創出した。

（川添善行・中澤公彦）

※2　空間の明るさ感
⇒p.11 ※5参照

※3　色温度・相関色温度
色温度とは、光の色の表し方の1つで、燃焼光源や白熱電球などの光色を、黒体の絶対温度（単位：K、ケルビン）で表記したもの。また、黒体の温度変化に対応した光色変化とは異なるが光色が類似した黒体の絶対温度を用いて照明光の色を表記したものを相関色温度という。（くわしくは p.68 第2部 2.4 参照）

※4　UGR
室内照明におけるグレア評価指標の1つ。（くわしくは p.98 第2部 4.3.1 参照）

※5　順応レベル
見ている光環境の明るさに対して視覚系の感度を調節することを順応といい、その順応している明るさのことをさす。（くわしくは p.81 第2部 2.2.4 参照）

健康をつくる光

「健康」はわれわれにとって最大の関心事である。健康のために食事や運動に気を配ることはもちろん大切であるが、人間が約9割の時間を過ごす室内空間の環境が健康維持に一役買ってくれれば申し分ない。ここでは、人の健康維持に配慮した光・照明計画に取り組む最新の事例をいくつか紹介する。

われわれの健康を預かる施設の代表に病院がある。病院は、医療スタッフにとっては働く場であり、医療ミスを未然に防ぐための十分な視認性・作業性の確保のみならず、24時間体制で働くスタッフ自身の健康も維持しなければならない。一方、入院患者にとっては治療のための場だけでなく、生活空間としての機能も求められる。また、患者、家族の双方にとって、予後に希望がもてる空間演出もほしい。このように病院は、非常にバラエティに富んだ空間構成となっている。個々の空間の照明方法に対するきめ細やかな配慮はもちろん、全体を包括する光のデザインコンセプトが重要となる。

かつての病院は、訪れることをためらう、気が滅入る暗いイメージが強かった。しかし、近年の病院は、単に具合の悪い箇所を治癒するだけでなく、地域交流の場としての機能をもたせるケースも増えつつある。ここで紹介する事例では、利用するすべての人を元気づけるような工夫、単に明るく照らすだけでない光の機能的な活用方法が見て取れる。

第三者に自分の健康を委ねるだけでなく、自分自身で健康を増進させる場としてスポーツ施設の例も紹介する。これまでタブーとされてきた自然光を健康増進のための要素として積極的に採り入れた例だ。

「健康」は人間のためのものである。その空間を使用する人間にとってどのような環境が最適か、数ある要素技術の中からどのようなプロセスを経て採用する技術の決定に至ったか、具体的な検討手法についても書かれているので、ぜひ参考にしていただきたい。法律や基準で定められた数値を測るだけでない、より使う人間に寄り添った光のデザインの面白さがおわかりいただけると思う。

（望月悦子）

CASE 1　　あけぼの病院

［設計］KAJIMA DESIGN／［竣工］2015 年 12 月／［所在］東京都町田市
地域医療を担う病院の建替えプロジェクト。昼光、人の生体リズムに合致した照明を用いることで、患者の睡眠の質を高め、透析を受ける人がリラックスできる空間づくりに取り組んでいる。

CASE2　　柏たなか病院

［設計］大成建設／［照明デザイナー］ライトデザイン＋大成建設／［竣工］2015 年 9 月／［所在］千葉県柏市
つくばエクスプレス・柏たなか駅前の広大な敷地に移転新築した総合病院。現在、この建築が核となり、学校、介護施設、ホテル等が建設され、街はさらに発展を続けている。

CASE 3　　神戸アイセンター・ビジョンパーク

［設計］日本設計／［竣工］2017 年 11 月／［所在］兵庫県神戸市
神戸アイセンターは、目に関する研究・治療、臨床応用、リハビリ・就労支援をトータルで支援する世界初の眼のワンストップセンター。「ビジョンパーク」は、そのエントランス空間である。

CASE 4　　順天堂医院 B 棟

［設計］日本設計（基本設計）・清水建設（実施設計）／［竣工］2016 年 4 月／［所在］東京都文京区
創立 175 年を記念したキャンパス・ホスピタル再編事業の一環。4 床室では、照明のパーソナル化と間仕切り家具による準個室化をめざした。廊下側の領域は間接光を用いることで暖かな空間とした。

CASE 5　　津市産業・スポーツセンター
サオリーナ・メインアリーナ

［設計］日建設計／［竣工］2017 年 6 月／［所在］三重県津市
中核施設「サオリーナ」は、昼光を大胆に取り入れた先端事例。津市出身であるレスリングの吉田沙保里選手にちなむ。光ダクトと自動調光システムを用いることで、自然採光を積極的に取り入れている。

| CASE 1 |

光を使い分け睡眠の質を高め、リラックスできる環境づくり

あけぼの病院

本プロジェクトについて ───

東京都町田市の中心部に位置するあけぼの病院は、地域に根差した病院である。病院棟の老朽化に伴う建替えを機に、3 棟に分散していた病院、透析クリニック、健診センターの機能を集約した新病院棟が計画された。国内最大級の 142 床をもつ透析施設では、長時間治療に配慮した環境技術を組み合わせ、病棟には専門家の監修のもとで新たに開発した睡眠環境向上技術を導入した。光、音、温熱環境の各種技術を統合し、新しい病院環境を実現している。

───

※ 1　概日リズム
⇒ p.6 ※ 2 参照（くわしくは p.121 第 2 部 6.2 参照）

療養・治療空間における光環境の最適化

　病院では、診療、検査、診断、治療、療養などさまざまな行為が行われている。そしてそれぞれの行為に必要とされる光、音、温熱環境や湿度、清浄度、気密性などの性能は異なっており、さらに患者や医療スタッフなどの利用者によっても求められる環境性能は異なる。これら病院環境のうちもっとも患者が長い時間を過ごす入院施設と 1 日おきに 3 ～ 4 時間の長時間治療を必要とする透析施設においては、概日リズム※1 への配慮、つまり生体リズムに影響のある光環境の最適化が必要と考えた。

　光環境の最適化により、

1) 入院施設において入院患者の療養・治癒を助け、医療スタッフの負担軽減を目的として患者の睡眠の質を高める
2) 透析施設において緊張感のない日常としての治療空間を実現する

という 2 つの具体的なコンセプトのもとで計画を行った。

手法1　昼光導入をはかる病室・病棟計画で睡眠の質を高める

　体温の変化は概日リズムとかかわるといわれており、体温が低下するときに睡眠は起こりやすく、上昇するときには睡眠は起きにくいことがわかっている。覚醒度と体温変化は密接に関連しているのだが、建築計画においては体温変化を制御する環境づくりをすることで睡眠環境の向上を期待することができる。

　睡眠のメカニズムと連関する体温変化への光環境影響について被験者実験を

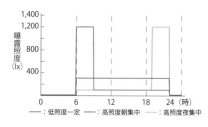

[図1] 日光の浴び方と体温変化

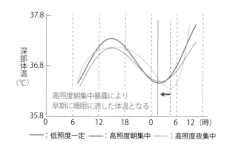

高照度朝集中暴露により
早期に睡眠に適した体温となる

[図2] 被験者実験における曝露照度設定

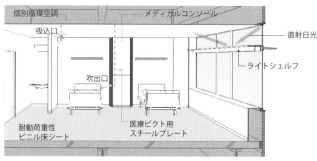

[図3] 4床室断面パース

[写真2] 4床室

行った結果、図1、2で示すように光の浴び方（時間・照度）による体温変化を観測することで午前中の高照度集中曝露設定により体温位相前進の傾向が認められた。すなわち起床後に浴びる光量（ここでは曝露照度と表現する）が夜の入眠時の最適体温を決定づけることがわかった。この結果から昼間に積極的な自然光の採入れが可能な病室、病棟とする計画とした。

①自然採光を促進する病室計画

開口部は、図3および写真2に示すように、上部にライトシェルフ※2を設け、廊下側のベッドまで光を届けると共に、下部の開口部は眺望を阻害しないよう、また、最大限採光量を得られるように横連窓とした。

4床室の病室において、窓側のベッドの患者が窓のロールスクリーンやカーテンを閉めることは少なくない。そうなると、窓形状に関係なく採光できなくなってしまう。

そこで、窓部のロールスクリーンをライトシェルフより下部に設置することで上部開口部からは日の出から日の入りまで常時開放状態となり常に昼光が得られるように計画した。その際、欄間を抜けた直射日光が患者の頭部に入射することは避けなければならない。そのため夏至、春秋分、冬至における直射をシミュレーションでチェックし、支障とならないことを確認した。

②昼光曝露を促進する病棟計画

一日を通した患者の光の浴び方は、病室の光環境に加え病棟全体の光環境にも注意を払う必要がある。そのため、昼間、病室外で患者が過ごす食堂やデイルーム、廊下などの共用部での昼光曝露を促進するよう、短い廊下の端部に大きな開口部を設け、通常南側のみに設けられることの多い食堂・デイルームを南北に分散配置して共用部全体に光が入るように計画した（図4）。

このように計画することは、廊下側ベッドの患者の曝露照度不足を病室以外の

※2　ライトシェルフ
主に日差しの遮蔽と昼光の活用を両立する目的で設置する中庇をさす。

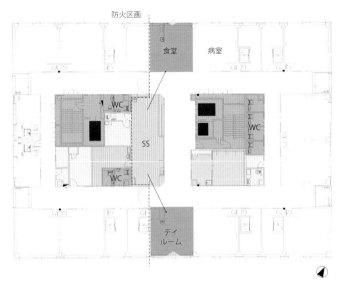

防火区画

食堂　病室

WC

SS

WC

デイ
ルーム

[図4] 自然光を安定して取り入れる採光計画

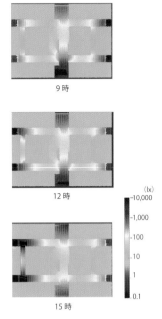

9時

12時

15時

(lx)
- 10,000
- 1,000
- 100
- 10
- 1
- 0.1

[図5] 昼光照度シミュレーション春分晴天

場で補うことにもつながる。1日を通じて四方から安定して昼光が共用部へ入射するようすは、図5で示す照度シミュレーションによって確認できる。開口部から離れた位置では 100 lx に満たないところもあり、1,000 lx 以上の高照度曝露の効果は食堂やデイルームに限定されるが、共用部のどこからも開口部が見えることによって、心理的な空間の明るさ感[※3]や開放感が得られている。床の仕上げに光沢のある素材を用いることで、窓面だけでなく、床面にも高輝度面が波及し、視野全体に明るい印象が及んでいる。

睡眠の質を高めるための昼光導入を意図した病棟計画ではあるが、運用後に明るい共用部で過ごすことで食事時の介助度が減った、つまり患者の自立度が高まったという看護スタッフからの意見もあり、副次的な効果があったことも確認できている。

手法2 **2つの光環境を使い分けリラックス空間をつくる**

1室で 122 ベッドを配置する透析室の計画において図 10 に示すように、医療スタッフからは目が届きやすくするためにトップライト[※4]の下部に設けた中央メイン通路を設け、その通路に接続する形で 8 つのユニットを配置した。
①大空間での長時間治療にふさわしい 2 つの光環境

透析は 2 日に 1 度、1 回 3〜4 時間という長時間治療である。治療にはリラックスできる均質な空間が求められるが、睡眠ではなく覚醒状態での治療のため、長時間均質で変化のない空間より時間の変化が感じられる空間がふさわしいと考え、そのために 2 つの光環境を用意した。1 つは昼光利用、もう 1 つはサーカディアンリズムライティング[※5]である。
②通路、スタッフ作業空間での昼光利用

※3　空間の明るさ（感）
⇒ p.11 ※5参照（くわしくは
p.108 第 2 部 5 章参照）

※4　トップライト
⇒ p.13 ※1参照

＊5　サーカディアンリズムライティ
ング
本プロジェクトにおける概日リ
ズムに配慮した照明制御手法の
ことをいう。
類似の手法は p.126 COLUMN
06-02 を参照。

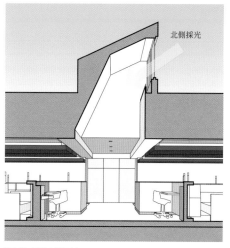

[写真3] やわらかい光が入射する自然採光

[図6] 透析室断面パース

昼光は、外部環境を感じさせる変化があるものの、安静状態が必要な患者に対して直接の昼光は刺激が強い。そのため直接治療中の患者への影響が少ない中央のメイン通路上部と通路の端部で採用した。中央のメイン通路では、より刺激を和らげるようにハイサイドライト※6からの採光としている（写真3）。また、各通路端部からは病棟フロアと同様に床の反射も利用している（写真4）。

[写真4] 病室フロアと同様に正面の窓からの自然採光が床で反射する

[写真5] サーカディアンリズムライティングのある透析ユニット

③サーカディアンリズムライティング

治療ベッドまわりの光環境は直接光源が目に入らない間接照明（写真5）として概日リズムに基づく調光・調色で生体リズムに沿った変化を加えた。透析カウンターから上向きに天井を照らす間接照明と天井の吸音材を柔らかく照らす間接照明で全般照明をまかなっている。これらは、治療空間全体を概日リズムで調光・調色するようにプログラムで制御している。制御スケジュールを図7に示す。基本的には一般的な概日リズムで制御されているが、スタッフの作業に必要な照度を確保するために50％以下には照度が下がらず、作業開始時間には一般的なものに比べ20％ほど高く、70％の明るさを確保するようにカスタマイズしてプログラムされている。その変化は感じられないほど非常にゆっくりではあるが、1日おきに3〜4時間という生活の約8％の時間を過ごす空間にふさわしい変化と考えている。

（坂田克彦・星野大道）

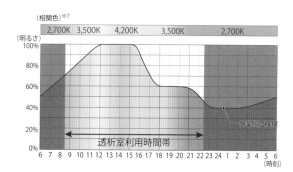

[図7] サーカディアンリズムライティングの制御スケジュール

※6 ハイサイドライト
採光のために壁の高い位置に開けられた窓。

※7 相関色温度
⇒p.23 ※3参照（くわしくはp.68 第2部1.1参照）

光の量を抑えた癒やしの療養空間
柏たなか病院

[写真 1] 街のランドマークとなる外観

本プロジェクトについて

急速に整備が進む街の景観をリードする存在感を表現し、癒やしの療養環境を提供する「ヒーリングホスピタル」をコンセプトに計画した。建築は、外来部門、手術部門、病棟など医療機能をもつ「メディカルキューブ」とリハビリテーション、透析センター、デイサービスなどの通院機能をもつ「ケアキューブ」、それらをつなぐ「ガーデンアトリウム」で構成されている。駅からの前面道路に沿って、散策などが楽しめる市民に開放する庭園を設けている。

光量を抑えて空間をやさしくつつむ

病院の光環境は、使われる用途にかかわらず均一な明るい光で構成されることが多い。しかし待合・診察室・病室など用途に応じて適切な光環境を整え、患者を癒し、体調の改善につながるライティングデザインが必要であると考えた。光環境としては、屋外・屋内共に、全体的に光の量を抑え癒しの印象を与えること、機能上必要な箇所には必要照度を確保しながらも、やさしい光で空間をつくることをめざした。これらを具現化するにあたり、以下の手法により適切な光環境を整えた。

手法1 抑えめのライティングで調和するランドマーク

「キューブ」の構造をアウトフレームとし、室内外周部に柱がなく、日射遮蔽効果や雨除け効果を併せもつ「シェードフレームストラクチャー」を採用している（図1）。光については、相関色温度[※1]に差異が出ないようにできる限り同じ用途の室を固めて配置し、均一な質の光で照らすことにより「シェードフレーム」を浮き出させている。フレームがあることにより、中からあふれる光がグリッド化して表出され、癒やしの療養環境を提供する「ヒーリングホスピタル」として、街のランドマークとなっている（写真1）。

病院の前庭は、散策路として地域に開放されている。ボラード照明[※2]やLEDシリコンライトが組み込まれた屋外家具などで地表面を照射することにより、安全性を高め、豊かなランドスケープを活かす演出をしている（図2、写真3）。

[図1] シェードフレームストラクチャー

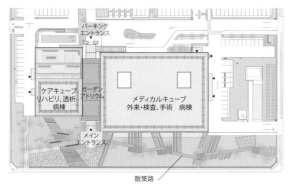

[図2] 配置図

[写真2] 外構のベンチ照明とボラード照明

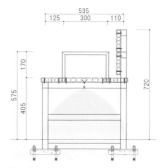

[図3] ベンチ断面図

[写真3] ガーデンアトリウム

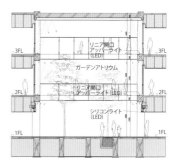

[図4] ガーデンアトリウム断面図

外構のベンチでは、座面下部にシリコンライトを下向きに設置し、上向きの光を除いている（図3）。光源が直接散策者の目に入らないため、少ない光でも散策路を明るく感じさせる効果がある。高さのある街路灯ではなく地面に近いベンチから路面を照らすことで、地表面に生じた輝度の分布を、病院へのアプローチとして効果的に表している。上向きの光がないことから、「光害」の観点においても配慮している。

※1　相関色温度
⇒ p.23 ※3参照（くわしくは p.68 第2部 1.1 参照）

※2　ボラード照明
岸壁で船を繋留するための杭（ボラード）のような形状をした照明器具をいう。

手法2 自然光・樹木・水景など五感に訴える光演出

「ガーデンアトリウム」と渡り廊下「スカイクロスウェイ」は、普段院外に出ることの少ない患者やスタッフが、日常の中で自然を感じることができる空間である。アトリウム内は天井に直接照明を設置せず、構造フレームをライトアップす

[写真4] スカイクロスウェイ

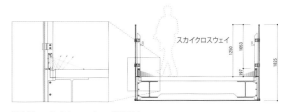

[図5] スカイクロスウェイ断面図

[写真5] 総合受付と光壁

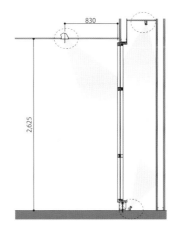

[図6] 光壁断面図

ることで、力強い格子の表現とガラスのアトリウムの存在感を演出している。

　アトリウムから死角となる梁天端や天井の折上げ部分にウォールウォッシャー（ナロー配光タイプ）のLED照明をアッパーライトとして組み込み、均一な光を発光させ、その反射光により、アトリウム全体の照度をとっている。「面」による反射光を使うことで、患者にとって刺激となるような強い光を抑えている（写真3、図4）。

　スカイクロスウェイはガラス手すりと一体化した照明により、ブリッジの浮遊感を演出している。足元にLEDリニアフットライトを配置して、通路の輝度を確保することで視認性を高め、通行者の安全にも配慮している（写真4、図5）

　利用者がわかりやすいように、光を使ったウェイファインディング支援[※3]を行った。総合受付には、金属メッシュを挟み込んだ特殊ガラスの光壁を設けた。金属メッシュの前後から照明を照射することにより、微細に拡散する光を生み出している（写真5、図6）。過剰な光を抑えながらも、光壁としての工夫を施すことにより、総合受付の存在感を強めている。また同時に、全体的に光の量を抑制した中で光の演出によるアクセントにより、空間に華やかさを与えるしかけとしている。

＊3　ウェイファインディング
不慣れな環境において目的地を探索する行動をいう。

手法3　曲線天井と間接照明の融合で柔らかい空間にする

　病院のレイアウトプランは、機能上直線的な構成になりがちだが、天井に曲線を使い間接照明と融合することで、その構成を打ち消し、柔らかい空間に変化させることをめざした。

　インフォメーションラウンジや化学療法室など、患者が長時間過ごす室には、

[写真6] インフォメーションラウンジ

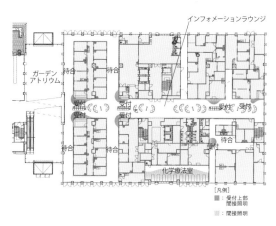

インフォメーションラウンジ

ガーデン
アトリウム

待合　待合

受付
受付　受付　受付　受付　受付

化学療法室

待合　待合

受付

[凡例]
■：受付上部
　間接照明
▨：間接照明

[図7] 2階平面図

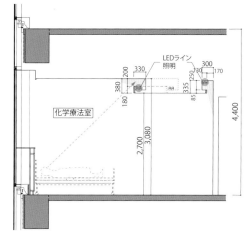

LEDライン
照明

300

200

330

250

180　170

380

335

85

化学療法室

4,400

3,080

2,700

[図8] 化学療法室断面図　1/100

[写真7] 化学療法室

[写真8] 透析室

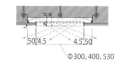

50 4.5　　4.5 50

Φ300、400、530

[図9] 透析室コンパクト照明断面図

蛍光灯とLEDシリコンライトを併用した、曲線を描く天井間接照明を取り入れることで、明る過ぎず柔らかい光環境を創出し、患者のストレスを軽減している。曲線は空間に合わせた自由曲線であるが、LEDチューブ照明を併用することで、空間デザインにマッチする最適な照明演出が可能となっている。

　インフォメーションラウンジでは、廊下幅を最大限使ったスケールの大きい間接天井照明にすることにより、照明そのものがサインの役割を担っている。化学療法室の建築化照明[4]は、ベッドに横になった状態で直接光源が見えないようにし、相関色温度は3,000～3,500K程度の暖色とすることで「癒し」を演出している（写真7）。

　透析室の天井には、奥行きわずか50 mmの非常にコンパクトな間接照明を開発し、天井内に十分なスペースがない室でも、光環境とデザインを融合する工夫をしている（写真8、図9）。間接照明内の天井面の表面テクスチャーに変化をつけることで、光と一体となり、空間が癒やしの印象を与えている。　　（井内雅子）

＊4　建築化照明
光源を天井や壁などに組み込み、躯体と一体化させた照明方式をいう。

自らの五感の力を引き出す空間
神戸アイセンター・ビジョンパーク

[写真1] ビジョンパーク

本プロジェクトについて

建物は眼科病院を中心とし、上層階に iPS 細胞を用いた網膜の研究を行う研究施設、低層階に視覚障がい者の社会生活を支援する「ビジョンパーク」が計画されている（図1）。異なる施設が積層する建物に、光や色の操作による共通のデザインを試みた。

クライアントからは、目に障がいのある人が可能な限り不自由なく日常生活を送ることができるよう、また、生きる意欲を取り戻すことができるよう、医療の枠組みを超えた取組みが求められた。

空間で過ごす人と向き合う

本件を設計するにあたり、来訪者となる目の見えない人がどのような気持ちで日常を過ごしているのかを書籍から学ぶことや、実際に会うために完全に光を閉ざした暗闇の中で、視覚障がい者のスタッフに案内されながら、視覚以外の感覚を使って日常のさまざまなシーンを体験するエンターテインメントであるダイアログ・イン・ザ・ダークを訪れることから始めた。その体験を通じて、全盲の人が視力以外の五感に優れていることや、慣れた空間であれば支障なく歩くことができることを実感し、そこから発想したのがルールをもった段差や家具、さまざまな床材を使用した「ビジョンパーク」である（写真1）。

クライアントや関係者と対話する中で、この施設を訪れる全盲の人は実は数

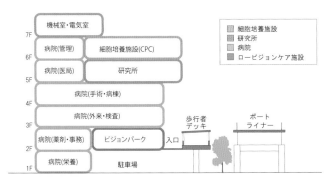

[図1] 建物の用途構成

パーセントで、そのほかにロービジョン※1と呼ばれる症状をもつ患者が訪れることを考慮する必要があることを学んだ。中心暗点、かすみ、視野狭窄などのさまざまな症状を抱える人、そしてもちろん視覚に障がいのない晴眼者も多数訪れることがわかった。こうした来訪者がともに過ごしながら、それぞれに気づきが得られる空間や、自らの身体を活かして挑戦できる空間のデザインを探った。

※1　ロービジョン
何らかの原因で視覚に障がいがあり、全盲ではないが見えにくく視力矯正ができない状態。

手法1　コントラストを用いて情報を伝える

　目に障がいがある人、視力が低下している人にとって、限られた文字やサインの情報はわかりやすいものではない。そこで視覚に頼らず五感を活用できるようさまざまなコントラストを取り入れた情報を提供し、見るのではなく、感じることで認識できる空間を内装デザインのコンセプトとした（図2）。たとえば、色の濃淡、家具のノッチ（切込みや刻み部分）、床材の触感など、多様なコントラストを設けているが、ユーザからは明度※2の差がもっとも認識しやすいという意見があり、とくに明度差を意識した素材の色選定や照明計画を行った。

　病院の外来待合部分は、温かみのある黄色の木天井と扉前に帯状に敷いた青色のカーペットがコントラストを生み出している。黄色と青色という色相※3上反対色※4の関係にある色を視覚的に対比できる部分に明快に使用することで、床の青色へと視線を誘導する効果を狙っている（写真2）。また、青いカーペットには診察室番号を表示し、上部からグレア※5のない挟角のダウンライトで番号

※2　明度
物体表面の白さ・黒さの程度。可視光反射率の高低と関連する。

※3　色相
可視光を波長の短い側から長い側に向けて徐々に変化させたとき、紫、青、緑、黄、橙、赤のように色みが変化する。この色の見え方の違いを色相という。

※4　反対色

色相環
（マンセル表色系）

色相の両端を結び環状に配置したものを色相環といい、色相環上で対極の位置関係にある色を反対色という。

※5　グレア
⇒p.5 ※1参照（くわしくはp.97第2部4章参照）

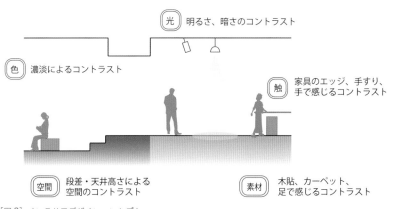

[図2] インテリアデザインコンセプト

[写真2] 病院の外来待合

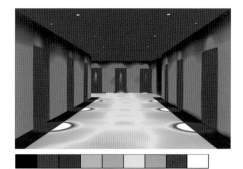

| 0 | 12.50 | 25 | 37.50 | 50 | 62.50 | 75 | 87.50 | 100 | cd/㎡ |

[図3] 待合の輝度分布シミュレーション

部分を約 800 〜 1,000 lx の照度で照らしている。待合の平均照度は 200 lx 程度であるため、色相のコントラストから室番号の明暗のコントラストへと視線の移動を促し、目的の診察室へ誘導している（図 3）。さらに扉付近の壁には白黒を反転させた診察室番号を設けることでどちらかの色が見えにくい人にも認識しやすい計画としている。

建物全体のエントランス空間である「ビジョンパーク」では、天井と床の明度差を大きくとり、入り口から奥へ向かう光の道を浮かび上がらせ、壁面が照らされた明るい受付へと来訪者を誘導することをねらった（写真 3）。

認識されやすい大きな変化と小さな変化を組み合わせることが、さまざまな視覚をもつ利用者にとっての道しるべとなり、自発的な行動を促しながら目的の情報へと誘導することができる。特定の情報の部分だけを際立たせるのではなく、利用者の視点に立ち、情報の周囲・環境にも配慮することで、より適切な伝達が実現できる。

手法2　視覚だけでなく五感に着目する

建物全体のエントランス空間でもあるビジョンパークは、「病院に、遊びに行こう！」をキャッチフレーズとして、視力低下により困難を抱える人々に向けられた、気づきを与える支援空間である。パーク内にはさまざまな過ごし方ができるように、リーディング、リラクゼーション、キッチン、アクティブ、シミュレーションのエリアを設け、さまざまな分野の情報が提供されている。これらのエリアは階段・スロープ・ベンチ・家具などでゆるやかに区切られ、バリアとなり得る造作があえて配置されている（図 4、写真 4）。

段差を設けた箇所に手すりや点字ブロックがない空間をつくることは、バリアフリーの観点から賛否両論であった。その課題に対し、建築、家具、照明の分野から意見をもち寄り、議論を重ね[※6] 床の段差、造作家具のつくり方に規則性を取り入れた。当事者とともに確認しながらディテールを詳細に調整することで、安全にバリアと共存しながら思い思いの過ごし方ができる場所を実現した（写真5）。

階段の段差と家具の凹凸は 300 mm 単位で変化するルールとし、家具のノッチは手すりとして利用できるようになっている。ゆるやかなレベル差を設けて全体を見渡しやすくしたパーク内に、家具を中心から渦巻き状に配置することで、

※6　議論のメンバー
［ビジョンパークコンセプトデザイン］山﨑健太郎デザインワークショップ。
［ビジョンパーク家具デザイン］藤森泰司アトリエ
［照明デザイナー］内原智史デザイン事務所

［写真 3］ビジョンパークを通って病院受付にたどり着くため、光の道をつくり、受付の壁面を照らしている

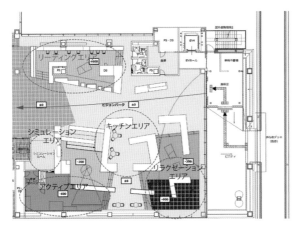

[図4] ビジョンパーク平面図

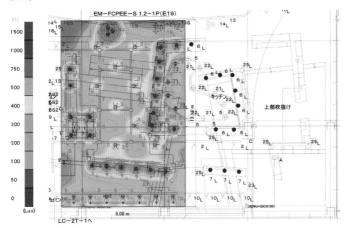

[図5] パークのガイドとなる家具への配灯と照度

[写真4] ビジョンパーク内にベンチやスロープ

[写真5] ユーザとのモックアップ確認

[写真6] LEDで光るホールドを使ったクライミングが楽しめるエリア

そのノッチがパークの隅々までの移動をサポートするガイドとしての役割を果たしている。家具がつくる動線上には、施設の受付機能をはじめ書籍や刊行物を配置した情報発信機能など、パークでの過ごし方の軸となるものを配置した。上部の照明の配灯は家具天板を周囲よりも高照度とできるように配慮し、利用者に認識しやすくしている（図5）。

　そのほかにも、見渡した際にエリアや居場所が認識できるよう、まとまりごとに高彩度の色を使用した家具を配置し、床素材と家具のエッジを切り替えることでエリアの境界を伝えている。また、アクティブエリアには、LEDで光るホールド[※7]と音声ガイドによって、視覚に障がいのある方でもクライミングの世界を楽しむしくみが導入されている（写真6）。

　視覚だけではなく五感に着目することで、バリアと考えられていた環境がある中でも気分や好みに合わせて、見える見えないにかかわらずそこに居合わせた人々がともに過ごすことができる空間をつくり出している。バリアとその周囲の環境のあり方は、実際に使用した際の気づきを踏まえて今後も模索されるべきものであるが、このような場所がインクルーシブな社会の実現に求められる。

（柴家志帆・山崎弘明）

※7　ホールド
クライミングにおける、人工の壁を登る手がかりとなる突起物。

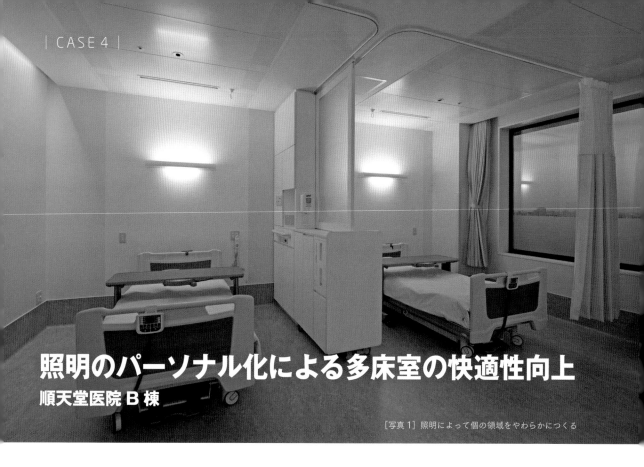

照明のパーソナル化による多床室の快適性向上
順天堂医院 B 棟

[写真 1] 照明によって個の領域をやわらかにつくる

本プロジェクトについて

創立 175 周年を記念した順天堂大学キャンパス・ホスピタル再編事業の一環で、「100 年建築、最先端の技術を導入したエコロジー建築の実現、BCP への対応を行う」をコンセプトとして計画、建設された。

キャンパスの建物群は東西 3 つのブロックに分かれ、西側のブロックが大学、中央と東側が病院となっている。ここで紹介する順天堂医院 B 棟（2 号館）は中央のブロックに位置し、全病床数のほぼ半分を擁する病棟と救急、中央診療部門等からなる。東側ブロックに建つ 1 号館などと接続し、さらに西側の大学ブロックとも接続し、病院機能の中核を担っている。

多床病室における照明を用いた快適性向上方法

　順天堂 B 棟の病棟では、入院患者に快適な環境の提供やアメニティの向上をはかることで、ストレスを感じさせず治癒力アップを阻害しない病室空間の提供を目標に掲げている。本病棟における病室は個室も多床病室も用意されており、どちらの環境改善にも取り組んでいる。ここでは、4 床室で準個室化を実現する取組みを中心に紹介する。

　一般に、4 床室の照明手法は、図 1 に示すように部屋の中央の通路部分に部屋全体の明るさを確保するための全般照明用の器具を設置し、患者のいるベッドまわりには壁付の読書灯もしくは処置灯兼用の読書灯（アームライト等）を設置する方式が多いため、患者個人の好みやニーズはまったく反映されない。

　また、機能面においても、もっとも光を必要とする処置などを行うベッドの上での処置よりも通路に光が多く向かい、適切な分布とはならない。さらに、全般照明用の器具はその部屋に何人患者がいるかにかかわらず、朝から晩の消灯時間まで全点灯されていることが多いためエネルギー的にも無駄が多く、天井照明であることからベッドに寝ている患者に対してのグレア[※1]に配慮した器具構造とする必要があり効率も良いとはいえない。ほかにも、個々の領域を仕切るカーテンを閉めてしまうと、廊下側の病床は窓が望めずに、暗くなってしまうため人気が低いなど問題は多い。

　本プロジェクトは問題解決方法として、患者ごとに自分の好みの光環境に調整できるように、目的別の照明をベッドごとに設置する多灯分散照明方式[※2]の採用と、陰気になりがちな廊下側の病床については空間の明るさ感[※3]の向上によ

り空間の印象を改善することを試みた。

手法1 照明のパーソナル化と仕様検討

　本計画において、設計時に検討した病室のベッドまわりに必要な光は以下の4項目である。
①ベッドまわりの空間のベースとなる明かり：患者が一日の多くの時間を過ごすため、通常家庭の生活環境と同等の明るさが必要。臥位での点灯であることにも配慮が必要。
②読書や食事、手元作業など患者の視作業に求められる明かり：限られた時間・目的に必要な明るさを確保。
③患者への処置を行う際に必要な明るさを確保するための明かり：患者の処置の部位をピンポイント、もしくは体表面を均等に照らすことが望ましい。
④夜間にトイレへ行くための明かり：部屋全体を明るくすると他の患者や患者本人の眠りに影響してしまうため、トイレに向かう動線の足元のみを照らす。
　以上を満たす具体的な手法として、①ベッドまわりの明るさのためのアンビエント[※4]照明および②手元を照らすためのタスク照明[※5]の器具を患者のベッドごとに設置し、それぞれの器具を個別に点灯・消灯可能として、パーソナル化する計画を行った（図1）。
　パーソナル化に用いる照明器具はベッド頭側の壁面に設置することを想定し、アンビエント照明を担う上方光とタスク照明を担う下方光を組み合わせた壁付きブラケット型照明器具[※6]で、それぞれを点灯・消灯できる仕様とした。
　ただし、この器具を用いたパーソナル化で自分の好みに設定できれば満足度は高まるだろうが、一方で、自分以外の病床の設定状況が干渉し、不快と感じる可能性も否定できない。そこで、視環境に与える影響がないか確認するための被験者実験を行った。
　実験に用いたモデル病室には、ベッド頭側の壁面に試作のパーソナル照明のみが設置され、前述したとおり、ベッドまわりの明かり（タスク照明）＋天井側に向けた明かり（アンビエント照明）の切替えと組合せができる。隣のベッドの影響がもっとも大きいと考え、隣接する2床のみを配置し実験を行った。自分のベッドと隣のベッド（モデル病室でのベッド間には間仕切り家具等はなくカーテンのみを設置。また、実験はカーテンを開けた状態で実施した）の点灯状況の組合せを複数体験し、評価を行ってもらった。被験者は30〜80歳代の計50人である。
　自分のベッドと隣のベッドのアンビエントの明るさが異なる条件での評価結果を図3に示す。光色は昼白色に統一した。評価平均値を見ると、自分のベッドがOFFで隣のベッドが100％の場合にわずかに不快側の評価となるが、全体の傾向としては0〜0.5程度にとどまっており、おおよそ許容される範囲だと推察される。

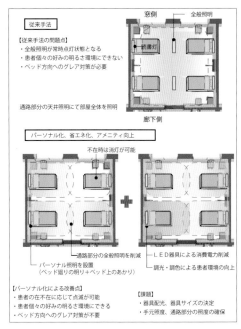

[図1] 従来の多床病室の照明手法例（上）と提案した照明手法

※1　グレア
⇒p.5 ※1参照（くわしくはp.97第2部4章参照）

※2　多灯分散照明方式
1つの部屋に1つの照明器具を設置するという「一室一灯照明」に対して、一灯あたりの消費電力を抑えた複数の照明器具を分散させ、部屋の必要な箇所だけを照らす照明方式をいう。

※3　空間の明るさ（感）
⇒p.11 ※5参照（くわしくはp.108第2部5章参照）

※4　アンビエント照明
⇒p.7 ※3参照

※5　タスク照明
⇒p.11 ※4参照

※6　ブラケット照明器具
壁面に取り付けられている照明器具をいう。

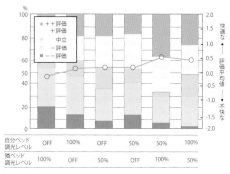

[図2] 自分のベッドと隣ベッドの点灯状況による快適性評価結果

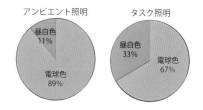

[図3] 光源（色温度）好みの確認結果

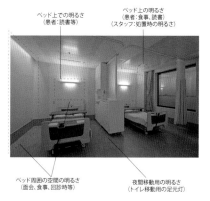

[写真2] 目的別の照明器具設置状況

＊7　光色
照明光そのものの色のことをさす。光色の区分については第2部1.1.1表1参照。

※8　相関色温度
⇒p.23※3参照（くわしくはp.68第2部1.1参照）

また、電球色と昼白色の2種類の光色※7を体験してもらい、好みを確認したところ、図4に示すようにアンビエント照明、タスク照明ともに電球色の好みが多数である。ただ、昼白色を好む人も一定数存在し、アンビエント照明とタスク照明ではその割合が異なることから、アンビエント照明に電球色、タスク照明に昼白色といったように同時に複数の色温度光源が混在していても、違和感なく受け入れていることが推察される。

・パーソナル照明を含む病室の照明計画

前述の実験を踏まえて完成した空間（写真2）を以下に紹介する。

まず、器具を設置する空間の仕様から説明すると、病室内のベッド間に間仕切り家具を設置し、4床室であっても個室に近いプライベート空間を確保できるようにした。間仕切りの上部は光を拡散透過する素材を採用し、昼間には柔らかな自然光が廊下側のベッドまで届きつつ視線をゆるやかに遮る計画となっている。また、夜間は隣のベッドの照明を適度に遮断する役割ももっており、患者のプライバシーやアメニティ確保にも寄与している。

間仕切り家具によって仕切られた空間に対して、試作品を改良し、図4に示すブラケット照明器具を提案した。天井への快適な全般照明として、広角配光かつ・高出力の上方光を備えつつ、下方には手元照明として、直接グレアが生じないよう間接照明として壁面にバウンドした光が患者に届く設計である。この仕様によって、患者が臥位でもグレアを感じることはない。間接照明でも、上方光、下方光ともに点灯したときのベッド面中央部での照度は350〜442 lx（実測値）あり、病室内のベッド面として適切な照度が確保できている。下方光のみを点灯する場合は、隣のベッドへの影響を抑えた配光とし、隣接ベッド境界部分の鉛直面照度を70 lx程度に抑えた（写真3）。

なお、相関色温度※8に関しては前述の実験結果を踏まえ、個室（特別室）に調光調色機能を導入したが、4床室は病室全体の色温度の統一性を確保するため「好み」として選択した人が多かった電球色寄りの温白色（相関色温度3,500 K）に統一したうえで点灯・消灯の制御（調光機能はなし）とした。朝〜昼〜夕方と変化する外からの光の相関色温度から乖離し過ぎず、しかもベッド上での睡眠を妨げにくいという点も、相関色温度選択の理由である。

各ベッドの天井面にはベッド上の広範囲を照らせる縦長配光で、かつ臥位でも光源が見えにくい深型ダウンライトを設置した。処置時の明るさを確保する役目とともに、患者が食事や読書等多用途に使える照明として活用が可能となっている。

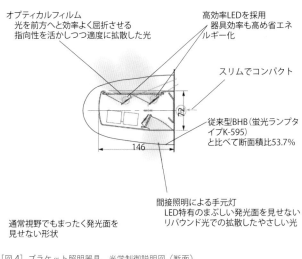

オプティカルフィルム
　光を前方へと効率よく屈折させる
　指向性を活かしつつ適度に拡散した光

高効率LEDを採用
　器具効率も高め省エネ
　ルギー化

スリムでコンパクト

従来型BHB（蛍光ランプタ
イプK-595）
と比べて断面積比53.7%

間接照明による手元灯
　LED特有のまぶしい発光面を見せない
　リバウンド光での拡散したやさしい光

通常視野でもまったく発光面を
見せない形状

[図4] ブラケット照明器具　光学制御説明図（断面）

手法2 廊下側の領域を間接光でやわらかで温かな空間とする

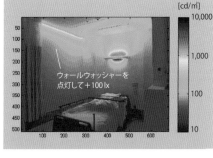

空間の明るさ感を
高める明かり

処置や食事のための
明かり

読書のための明かり

[写真3] 病室ベッドまわりの照明

　4床室は窓側と廊下側に分かれてベッドが配置される。間仕切り家具やカーテンなどでプライバシー確保を優先すると、廊下側のベッドからは窓の外の景色を望むことが困難になるため、希望者も少なくなる傾向があった。本計画では、間仕切り家具の一部分を透過性の素材にしているとはいえ、昼光の届きにくい廊下側が一段階暗い印象となることは否めない。そこで、窓側と廊下側のベッドまわりにおける光環境の差を少しでも埋めるために、廊下側ベッドの廊下側の横壁面全体を天井部に設置した間接光で照らすことにした。

　前述したブラケット照明の上方光でも天井面を明るく照らしているが、これに加えて壁面上部に設置した間接光の影響で、鉛直面照度が100 lx程度向上する。廊下側ブースの空間の明るさ感が高まり、空間の広がり感が向上したという意見まで得られた。当然、壁面間接光の光源は臥位で目に入らないように配置し、壁面の輝度も過剰とならないように配慮している。間接光で適度な明るさを満たした病床は、相関色温度の印象とも相まって、やわらかく温かい空間とすることができた。

　なお、病室の稼働後に、従来は希望者が少なかった廊下側のベッドを希望する患者が増えているという報告を受けている。これまで多くの病室では、機能を重視し、設計目標が視作業を満たすことにとどまっていたが、不必要に見える空間の雰囲気を丁寧に設計することが、病床の居心地のよさを生み出し、病気と闘う患者の気持ちを助けるものとなると考えている。

（中野信哉）

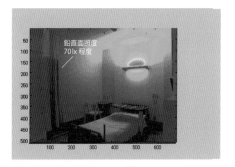

ウォールウォッシャーを
点灯して+100 lx

[cd/㎡]
10,000
1,000
100
10

[図5] ベッドまわり輝度画像（壁面照明 ON）

鉛直面照度
70 lx 程度

[図6] ベッドまわり輝度画像（壁面照明 OFF）

自然光あふれるスポーツ施設
津市産業・スポーツセンター　サオリーナ・メインアリーナ

[写真1] メインアリーナ内観

三重県津市は、既存の体育館や市民プール、県立武道館の不具合解消と、2021年開催の三重とこわか国体、三重とこわか大会の中心的会場として活用するため、サオリーナ、三重武道館を2017年に新たに建設した。スポーツ施設群の外観は、海から山までを抱える自然豊かな津市の新たなシンボルとなるよう、海辺の波、町の賑わい、山並みの連なりを表現した。各施設の入り口が一望できる「アスリートモール」を中心とした平面計画とし、目的の施設に自然に誘導されるよう各施設にテーマカラーを設け、内装に取り入れた（図1）。

積極的な自然採光を用いたスポーツ照明環境

近年、ウエルネス（心身の健康）の観点から自然光に注目が集まっており、本施設のメインアリーナでは、積極的な自然採光による健康的で良好なスポーツ照明環境をめざした。従来、体育館ではハイサイドライトが一般的で、窓がないわけではないが、安定した光環境が求められる競技時にはカーテンが閉ざされてしまい、「自然光の元で健康的で良好なスポーツを」と掲げた目標にはほど遠い。執務空間のように昼光連動制御が行えればよいのだが、大空間への明るさセンサ[※1]の制御が困難なことから積極的な自然採光は行われてこなかった。この課題を解決するとともに、スポーツ施設における昼光およびLED照明環境のあり方を提案すべく、本プロジェクトの以下に示す2つのアイデアを紹介する。

手法1 **光ダクトと自動調光システムを用いた積極的な自然採光**

本施設は前述したとおり、積極的な自然採光による健康的な光環境の実現をめざしており、季節、時間に関係なく人工照明と同じように自然光を利用可能な光ダクトによる自然採光を採用した（図2）。

通常、光ダクト[※2]の採用にはスペースの確保が課題となる。そこで、設計目標照度を定め、それを満たす光ダクトの寸法を検討した。

本施設は多目的で利用するため、光ダクトによる採光量の設計目標は8時から16時までの晴天時に、アリーナ部分の照度が年平均で200 lx以上（レクリエーションレベルの利用で必要な照度[1]）を満たすこととした。なお、スポーツ

の国際大会では自然採光は利用できないため、ハイサイドライト、光ダクトともにアリーナ内に設けたスイッチにより遮光できる機能も備えることとした。

目標照度を確保するために必要な光ダクトは、シミュレーション結果（図3）より導くと、断面サイズ2m×2m、長さ16mの光ダクトを南北各1本8列、計16本の導入が必要であった（図4）。

これを主要構造体である箱型トラス梁内に設置することで光ダクトの設置スペースを確保し、建築、構造、設備を融合させた。一般的に光ダクトは、設置エリアが完成した段階で据付け位置にて施工するが、照明器具とともに地組段階で箱型トラス梁内に設置することで高所作業を削減し、施工の効率化により工期および施工費の削減にも寄与する（写真2）。写真3は、照明器具および光ダクトを地組段階で設置した箱型トラス梁を、ユニットごとにクレーンにより所定の位置に据え付けるようすである。

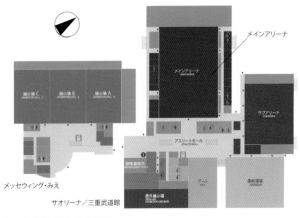

［図1］建物配置と1F平面図

※1 明るさセンサ
一定の領域内から入射する光量を検知するセンサ。

※2 光ダクト
内側を反射面としたダクトを利用して、昼光を室内へ導く装置のことをいう。

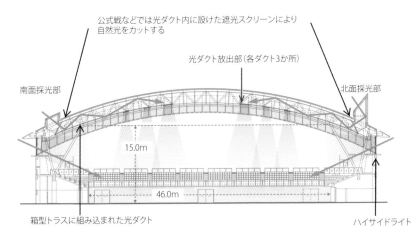

公式戦などでは光ダクト内に設けた遮光スクリーンにより自然光をカットする

光ダクト放出部（各ダクト3か所）

南面採光部

北面採光部

15.0m

46.0m

箱型トラスに組み込まれた光ダクト

ハイサイドライト

［図2］光ダクトの概要

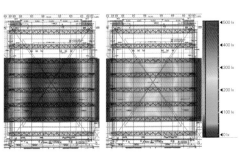

［図3］光ダクトのシミュレーション結果
（左：夏至の12時、右：冬至の12時）

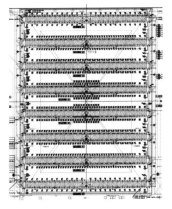

［図4］光ダクトの配置図

[写真2] 箱型トラス梁内に組まれた光ダクト

[写真3] 箱型トラス梁の据付のようす

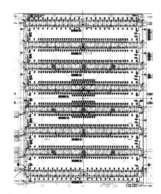

[図5] 自然採光時の床面照度測定結果例

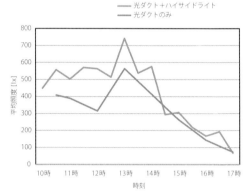

※3　ハイサイドライト
⇒p.29※6参照

※4　画像センサ
撮影した画像から特徴を抽出して制御信号を生成するセンサ。
一般的な明るさセンサは、受照面全体の照度に反応するものであり細かな調整がむずかしいが、画像センサにより明るさを検知する場合は、特定の領域の明るさに反応させるなど調整の可能性が広い特徴をもつ。

※5　ハンチング
自動制御等で、調節器などの応答性が不適当なために、出力が激しく変動を繰り返す現象をいう。

　竣工後、8月2日の晴天日に自然光のみの照度実測を行ったところ10時～15時の間は、光ダクトのみでレクリエーションが可能な200 lx以上を確保できている（図5）。光ダクトに加えてハイサイドライト※3が利用できる場合、10時30分から14時の間の照度は500 lx以上と非常に明るい（測定時間のずれによる雲の影響などから一部の結果は逆転している）。

　自然採光は変動があり、安定した競技環境を確保するためには、照明の自動制御システムが不可欠である。しかし、従来の手法では、照度制御対象面からの距離に限界があり、体育館のような高天井に対応していない。センサが検知可能な距離での設置となれば、図6左図のように場所が限られ、体育館床面の鏡面性も手伝い誤動作の問題が生じやすい。実際、大空間における自動調光システムは導入例が少なく、導入されても多くの場合稼働停止している。そこで、センサ検知距離の問題を解決するため、画像センサ※4を用いることとした（図6右図）。

　上記に加えて、LED出力制御の手法も重要である。太陽に雲がかかるなど急激な照度変化が生じると視認性に影響を与えるため、自動調光する人工照明の反応速度が重要となるが、反応速度を速めるとハンチング※5などの別の問題も発

高天井には使用不可能
（5〜7m程度まで）

センサ　センサ

ハイサイドライトからの自然光の反射光により
センサが誤動作

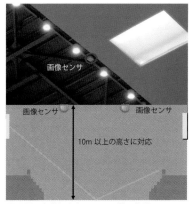

画像センサ

画像センサ　画像センサ

10m 以上の高さに対応

照り返しを検知しないので正常に作動

[図6] センサの設置検討

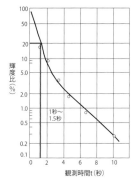

[図7] 目の順応曲線 2)

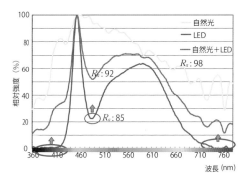

[図8] 人工照明と自然光の波長特性

生する。そこで、人工照明の照度下限値設定と自動調光の変動スピードを工夫し、照度下限値設定は、周囲が急に暗くなった場合に人が1秒で順応[※6]できるよう（図7）、設定照度の20%とした。また、調光スピードは、上昇時（暗くなったとき）は素早く、下降時（明るくなったとき）はゆっくり追従するよう設定した。

　開発した自動調光システムの稼働状況および効果を確認するため、6月の晴天日に、平均照度500 lx の調光設定で、自然採光により自動調光を行った場合と、人工照明のみで500 lx 運用した場合の電力消費量を測定した。画像センサによる自動調光システムの導入により、人工照明のみの場合に比べ、照明消費電力量は46%削減された。

　なお、一般的な LED は一部の波長エネルギーが不足する傾向であるが、自然光の導入により不足する波長域の光を補う効果も期待できる。本施設では、平均演色評価数[※7]で示すと LED のみで R_a85 に対し、自然採光との併用で R_a92 へと向上した（図8）。

手法2　多灯配置による均斉度向上とグレア低減効果

　従来の大空間の照明計画は、メンテナンスも考慮し、LED でも 250W 程度の高出力器具を用いて器具数を抑える手法が採用されてきた。しかし、LED 器具

※6　順応

光環境の明暗や色みに対して、眼の感度を調節する視覚系のメカニズムのことをさす。（くわしくは p.81 第2部 2.4 参照）

※7　平均演色評価数（R_a）

照明された物体の色の見えが、基準（自然）光で照明された場合と比較して、どれだけ近い色の見えを再現できているのかを表す指標。100 に近いほど基準光源下での色の見えと一致する。（くわしくは p.72 第2部 1.2.1 参照）

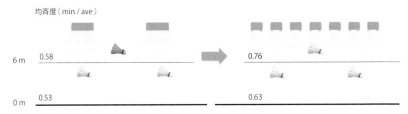

均斉度（min / ave）

6 m 0.58　　　　　　　　　→　　　　　　0.76

0 m 0.53　　　　　　　　　　　　　0.63

[図9] 均斉度の検証結果

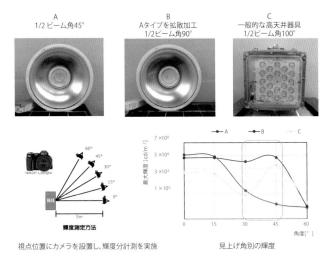

A
1/2ビーム角45°

B
Aタイプを拡散加工
1/2ビーム角90°

C
一般的な高天井器具
1/2ビーム角100°

Nikon Coolpix

輝度測定方法

視点位置にカメラを設置し、輝度分計測を実施

見上げ角別の輝度

[図10] 照明器具の角度別最大輝度の比較

※8　均斉度
活動領域における平均照度に対
する最小照度の比。この比が1
に近いほど照明の空間的な変化
が小さい均一な空間といえる。

※9　グレア
⇒ p.39 ※1 参照（くわしくは
p.97 第2部第4章参照）

[写真4] ドローンを用いた照度
測定器概要
ドローン（DJI製、INSPIRE2）
に、照度センサ（T&D製、RTR
-574）を6方向に搭載した。

は高効率・小型・長寿命という特徴があり、メンテナンスの考え方が異なる。ま
た、少ない数の高出力光源で大空間を照らすよりも、低出力光源の多灯配置型と
することで、2つのプラス効果が期待できる。

　1つ目は、同じ配光の光源であれば、低出力光源の多灯配置型のほうが均斉
度※8 が高いことである。図9は一般的な高出力器具の配置と本施設とでシミュ
レーションによる均斉度を比較した結果である。とくに競技中にボールなどが通
過する高さを想定した6m地点の均斉度は、その効果が顕著に現れている。

　2つ目はグレア低減効果である。天井高を変えずに高い均斉度を確保するため
には、少ない灯数の場合、配光の広い器具を選択する必要がある。図10に配光
が異なるAとBの観察角度別最大輝度を示すが、配光の広いBは視線頻度の高い
30〜45°の最大輝度が高く、グレア※9 を生じやすい。一方、配光の狭いAは30°
以降でBよりも最大輝度が低下している。つまり、配光が狭いことはグレア低減
に寄与する。

　上記の点を踏まえ、本施設の設計照度が公式試合での利用を前提とした
1,500 lxであることから、80Wの照明器具（先に示したA）692台（床面積約
6,000 ㎡）の分散設置を決定した。

　なお、均斉度とグレア評価について、建設後に確認を行っているので、その結
果も併せて紹介する。

　まず、人工照明条件下の水平面照度（9m間隔）を、ドローン（写真4）を用い
て高さ別に計測した（図11）。均斉度は、床面0mで0.88、高さ6mで0.82と

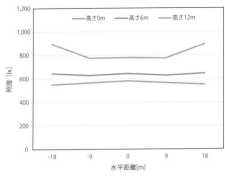

[図11] 空間照度測定結果※10

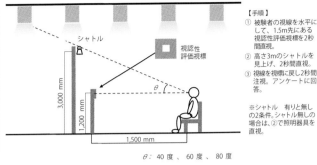

【手順】
① 被験者の視線を水平にして、1.5m先にある視認性評価視標を2秒間直視。
② 高さ3mのシャトルを見上げ、2秒間直視。
③ 視線を視標に戻し2秒間注視。アンケートに回答。

※シャトル 有りと無しの2条件。シャトル無しの場合は、②で照明器具を直視。

θ : 40度 、 60度 、 80度

[図12] 被験者実験概要

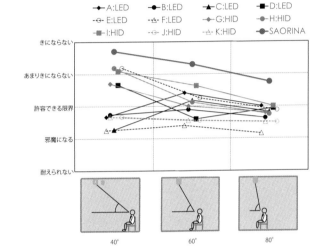

[図13] グレア評価結果

シミュレーションよりも高い値であることが確認された。

次に、被験者によるグレア評価実験[3]である（実験方法は図12参照）。光源の出力は、一般的なレクリエーションレベルでのスポーツ利用がおもな貸出しとなるため床面500 lxとなるよう設定した。図13が20人の被験者のグレア評価結果である。類似の大規模空間（体育館）での評価結果（いずれの施設も高出力の照明器具）を併せて示す[3]。白抜き、点線で示した施設は500 lx未満の施設、それ以外は500 lx以上の施設である。LEDかHIDの光源によらず、本施設がいずれの施設よりもグレアの程度が低い。低出力器具多灯配置計画はグレアの低減にも有効であることが確認された。

なお、照明器具の多灯配置で懸念されるのは、施工方法とメンテナンスであろう。施工方法は前述のとおりで、メンテナンスは、照明器具が箱型トラス梁に付属した点検歩廊下部に設置されているため、点検歩廊に設けた点検口から可能である。

[写5] 実験風景

本施設は、積極的な自然採光による健康的で良好なスポーツ照明環境をめざし、またLED照明の特徴を活かした従来とは異なる照明計画を実現した。光ダクトの採用と自動調光システムの開発により、これまでの体育館では実現しなかった自然光にあふれたスポーツ施設となった。

上記で紹介した技術に加えて、スポーツ競技以外の多種多様なイベントにも対応するため、1,500 lx、1,000 lx、500 lxを簡単な操作により変更可能なシステムの採用や、アリーナの分割貸出を可能とするため、全面利用のほか、面積の3分の2、半面（2分の1）、3分の1という4パターンの分割貸出しに応じた照明制御も可能にしている。レクリエーションからテレビ放送される国際大会まで、幅広く利用されるアリーナとしてフレキシブルな対応が可能であり、多くのユーザに愛される施設となることを切に願っている。

（篠原奈緒子）

※10 水平距離0m位置が、図2の断面図中央、左側が−方向、右側が＋方向である。高さ12m位置で−18mと18mの測定位置の照度が高いのは、天井の形が南北のアーチ形状のためである。

演出効果を高める色・光

　われわれは、さまざまな非日常の空間に足を運び、特別な体験をする。そこでは、照明には、対象物が正確に見えることに加えて空間をドラマティックに演出する効果が求められる。ここでは、空間を演出することを目的に、照明の色や光の配置に工夫を凝らした最新の事例をいくつか紹介する。

　非日常の空間のひとつに、展示空間がある。展示空間にもいろいろあるが、美術館はその代表例である。美術館は、文字通り美術品を展示し、それを鑑賞することが大きな目的であるが、照明によって展示されている美術品の見え方は大きく異なる。光の色や光の質（分光分布）によって、美術品の色は違って見えるし、光を照射する方向や強さ、照射範囲によって美術品の印象も異なる。さらに、美術館の利用者は年齢や身体機能も幅広く、利用者が安全にかつ快適に美術品を鑑賞できるようにする必要もある。個々の展示品に対する照明の色・光を最適化するのに加え、空間全体の照明計画も重要となる。

　動物園や水族館などの生き物を展示する空間も非日常な体験ができる大切な場所である。このような空間では、展示対象が生き物であるため、照明には展示物を見せる機能に加え、展示物である生き物の生態への影響に関する配慮も求められる。さらに美術館同様、利用者が安全かつ快適に観賞できるようにする必要もある。ここで紹介する事例では、展示物をきれいに見せることに加え、生き物の生態にも配慮したうえで、空間全体を照明によって演出し、利用者が感動する特別な体験を提供するような工夫がふんだんに取り入れられている。

　祈りの空間も、また日常から離れて自分自身を見つめなおす特別な空間である。このような空間においても、照明には視対象を正確に見せるという機能的な側面に加え、日常とは切り離された空間を効果的に演出する側面も期待される。

　このように、非日常な空間においても建築設計者の意図を実現するのに大きな助けとなるのが照明である。建築の基本設計の段階から照明の計画を組み込んだ事例を通し、照明が果たす役割の重要さがおわかりいただけると思う。

（向 健二）

CASE 1　ホキ美術館

［設計］日建設計／［竣工］2010年8月／［所在］千葉市緑区
館長の保木将夫氏が蒐集した写実絵画を収蔵し展示する美術館。30 m
張り出す片もち構造という特徴的な外観。照明はすべて LED で、ひと
つの絵画に 10〜30 灯を配し、細かなチューニングができる。

CASE 2　NIFREL

［設計］竹中工務店／［展示設計］トータルメディア開発研究所／［照
明設計］ライトコンシェル・デザインオフィス／［竣工］2015年8月
／［所在］大阪府吹田市
美術館、博物館、動物園、水族館などが融合した体感型ミュージアム。
NIFREL（ニフレル）は、コンセプトである「感性にふれる」に由来す
る。生物の生態に応じた光環境のもと、その多様性にふれる場である。

CASE 3　ペトロの家（小聖堂）

［設計］大成建設／［竣工］2010年9月／［所在］東京都文京区
カトリック関口教会の敷地内に建設されたペトロの家では、教会のため
に人生をささげた高齢司祭たちが共同で生活をしている。取り上げるの
は、その中に建てられた祈りの空間（小聖堂）である。

CASE 4　上越市立水族博物館　うみがたり

［設計］日本設計／［竣工］2018年5月／［所在］新潟県上越市
日本海の沿岸部に建つ。上越の海底地形の特徴を再現した大水槽や水生
生物たちの生態環境を再現した展示空間で自然光を効果的に導入した。
まるで海中に分け入るかのような構成となっている。

絵画に降り注ぐ光だけが存在する空間
ホキ美術館

[写真1] ギャラリー内

本プロジェクトについて

ホキ美術館は館長の保木将夫が蒐集している写実絵画約300点を収蔵・展示する私設美術館である。絵画ギャラリーのほか、レストラン、カフェ等を併設し、隣接する緑豊かな昭和の森で過ごす時間に、美術鑑賞という文化的な彩りを新たに添えている。細密画に特化した美術館であることから、美術館の原型ともいえる「ギャラリー」という空間形式を採用し、写実絵画鑑賞に最適な空間をめざした。

光源を意識させない照明計画

　絵画とそれに対峙する鑑賞者以外のものは、存在しながらも存在感を主張してはならないと考えた。繊細かつ緻密に描かれた絵画を鑑賞するためにはたとえ壁の一本の目地でさえも鑑賞の妨げになるためである。一般的に美術館は、絵画などの展示物の種類に応じて空間を間仕切で分割して計画する場合が多い。装飾を極限まで排除し、空間を一体の構造体で仕上ることによる継目や目地を見せないことへのこだわりは、無機的なデザインと相乗的に回廊が無限に続いているような錯覚を見る者に感じさせている。

　小型照明器具を多灯配置することにより、画家が意図する描写を照明によって補完することを試みた。すなわち、絵画に対する演出を可能とする照明計画である。

手法1　**超小型照明器具を天井に多数埋設する**

　多くの美術館で、設置場所や照射角度を自由に設定できることから、吊下げ型のスポットライト照明を用いて照明計画を行う。

　しかし、ホキ美術館においては、図1に示す通り、長い回廊が続く形状から、空間の奥まで見渡せるため、余計な突起状となる吊下げ型スポットライト照明が天井に連なる様は、細密絵画が主役の空間には決して適切ではないと判断した。われわれがめざしたのは、絵画に降り注ぐ光だけが存在しているような空間である。

　また、絵画を鑑賞するにあたって、絵画照明も作家が見た光の状態を素直に照

らすことで絵画がより引き立って見えると考えた。つまり、絵画の中で光が照射されたように描かれた部分には、それを強調するように照明し、影の部分には意図的に光を照射しない演出を行うことにより、絵画の表現したい意図が、より鮮明に鑑賞者に伝わるはずである。

　照明器具の存在感をできる限り消すことと、絵画上で光の濃淡を生じさせるといった2つの要望を満たす手法として、小型の照明器具を天井に多数埋設するアイデアに至った。

　まず、絵画用の照明器具を含めたすべての設備機器を収めるために、天井に64φの小孔を多数計画した。次に、その小孔に取り付ける絵画へのハイライト照射の光源の選定を行った。小型で小孔に収まりがよく、シャープな光線を有しているため、配光制御の点で優れ、絵画のある部分に光を集光させることに適していることから、候補はローボルトハロゲン、LEDがあげられた。

　今回の計画で重要な点は、サイズの異なる絵画に対しても常に最適な照射光が得られるように照射方向がフレキシブルであること、さらに絵画のサイズによらず、どの絵画にもほぼ同程度の鉛直面照度となるように調光機能も必要である。これらの点では、双方ともに条件を満たすが、調光に伴う色温度[1]の変化という点が、ローボルトハロゲンとLEDの大きな違いとなる。

　調光することによりハロゲンランプは色温度が変化する。これは白熱灯系の表現力の豊かさと好意的に評価されることも多い。一方、蛍光灯やLEDのように、出力にかかわらず相関色温度[1]が変化しない特性は不自然と見なされ空間デザインの面からは扱いにくいという意見もある。そのため、多くの美術館ではハロゲンを選択することが多い。

　しかしながら、さまざまな方向から異なった照射距離で絵画に到達する光をフォーカシング調整するという今回の提案においては、調光時に相関色温度が変化するハロゲンランプでは、照射方向と調光出力の調整に加えて、色温度変換フィルタなどで色味の補正も行わなければならなくなる。それに比べて、調光時に色温度が変化しないLEDは、どのようなサイズの絵に対しても一定の相関色温度で適切な鉛直面照度をもって照射することが容易となり、むしろ好都合であった。

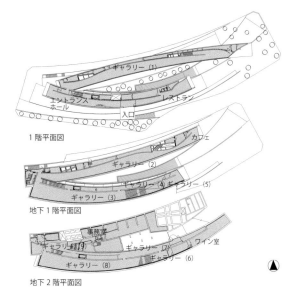

[図1] 1階の配置・平面図

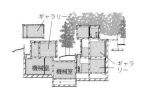

[図2] 断面構成

※1　色温度・相関色温度
⇒ p.23 ※3 参照

手法2 　目視による LED の演色性と演出性の検証

　前述した相関色温度の問題に加えて、美術館照明を検討したことがある人は、演色性[2]も強く意識する項目であろう。絵画照明はCIE（国際照明委員会）で平均演色評価指数[3]$Ra \geq 90$ が推奨されている。白熱灯の一種のハロゲンランプは $Ra=100$ の光源であり、色を忠実に見せる点で優れている。一方でLEDの

※2　演色性
照明された種々の物体の色の見えに及ぼす効果のことをいう。

※3　平均演色評価数
⇒ p.45 ※7 参照（くわしくは p.72 第2部 1.2.1 参照）

[写真 2] 絵画に対する見え方の検証

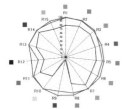

— A 色温度　3,300 k　20.0lm/W　Ra=97.6
— B 色温度　4,120 k　35.3lm/W　Ra=95.2
— C 色温度　3,070 k　37.0lm/W　Ra=79.2

[図3] LED 素子の演色性
（選定素子 C）

※4　分光分布
光源から放射される光に含まれる各波長の光の構成割合を表すもの。

Ra は 100 に満たない。さらに効率と演色性は相反する関係にあり、おおむね高出力のものは演色性が高くない。

　LED 光源を使用するにあたり、絵画の色の見え方に、ハロゲンランプとどのような差異が生じるかが懸案事項であった。そこで、オーナーから画風・筆致の異なる絵画を数点借り受け、ハロゲン光源と 3 種の最新 LED モジュール素子（図 3 参照）を用意し、目視による照射比較を行った（写真 2）。なお、LED を展示照明の候補とするにあたり、われわれが最重要としたのは、光の「演色性」ではなく、光の「演出性」である。その認識のもと、オーナー・画廊関係者・画家の立会いのもと、最適と判断する光を選定した。

　その結果、3 種の LED モジュール素子のうち素子 C が、他の LED 光源、ハロゲンランプをしのいで、細密画の筆致や、絵画全体の印象を、最適なコンディションで抽出していると評価された。図 3 を見てもらえばわかるように、素子 C の R_a はハロゲンに勝るものではないことはもちろん、他の素子と比較しても、決していちばん高いわけではなかったのに選ばれたことは大変興味深い結果であった。

　CIE では、LED の演色性の評価は従来の演色評価数（Ra、Ri）では必ずしも適切に評価されないとしている[1]。さらに、Ra は「色の見え方の忠実性の評価方法」で、「ものがより良く見える評価」とは別のものと言及しており、目視による検証を行うべきと判断したことは重要な選択であった。

　なお、今回は、細密画をより好ましく見せる「演出性」に重点をおいた検証から素子を選定したが、照射対象物によってはそのほかの素子が最適となる場合も当然ありえる。たとえば、本館の展示作品は、画家の描く環境の多くが、ハロゲンではなく、蛍光灯や自然光のもとであったことも判断基準に影響を与えている可能性があり、前提条件が変われば解も異なるだろう。美術館照明の今後において、絵を描いた環境やその色彩に応じて、多様かつ繊細なチューニングが求められることも予想されるため、多様な分光分布※4 特性のバリエーションを有する LED 光源は絵画の鑑賞の可能性を広げるポテンシャルの高い光源として大変期待できるといえるだろう。

手法3　フォーカシング作業の時間短縮

　超小型 LED 照明を、1 点の絵画に対して 10 〜 30 灯の割合となるように 2,700 K と 3,000 K の異なる色温度の LED 照明を半数ずつ混ぜ合わせて配置し（図 4）、「作品ごとに求められる色温度・照度が異なる」というデリケートな個別チューニングのコンセプトにこたえるものとした。

　調光区分は相関色温度別に設定し、求められる必要照度（40 号絵画@ 2 m ごとの展示計画において、画面平均：200 lx）に対し、半数（相関色温度別）の照明群で対応可能な割合で配灯することで、必要照度を確保しながらも、2,700 〜

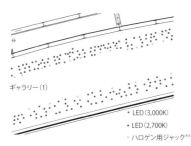

ギャラリー (1)

• LED (3,000K)
• LED (2,700K)
• ハロゲン用ジャック※5

[図4] LED 照明配置図

[写真3] 天井面の LED 小型照明の調整

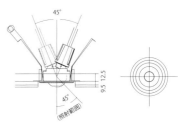

[図5] 角度調節可能な LED 照明器具

3,000 K までのレンジで色温度をチューニングすることを可能とした。

　小型照明器具を多灯配置することのメリットは、画家が意図する描写を、照明によって補完することにある。しかし、多灯配置することはフォーカシング作業の煩雑さにつながる。そこで、作業を簡便化するために、照明器具の先端にネジを切り、レーザーポインター付きのフォーカシング治具をネジ固定で簡易に着脱可能とする工夫を行った。レーザーポインターを取り付けることで、フォーカシングポイントを明確に把握でき、画家の求めに応じてハイライトは白く照らし上げ、影の部分には光を抑えるといった高度なフォーカシング作業を短時間で行うことを可能とした（写真3、図5）。細かいことと思われるかもしれないが、この時間短縮のアイディアによって、限られた時間の中ですべての絵画に対するフォーカシングを画家立会いのもとで行うことが可能となったのである（写真4）。

※5　ハロゲン用ジャック
ハロゲンランプの色味が必要と判断される絵画を展示されることも想定して、念のため、ハロゲンスポットの設置も可能となるような電源対応と天井の64φの小孔に収まるジャックも適宜、配置した。しかし、現在はハロゲンスポットなしですべてLEDによる絵画照明が実現されている。

[写真4] フォーカシング作業後の展示空間照明器具による照明

サスティナブルな展示照明に向けて

　膨大な数の器具は本計画の演出を行う必要不可欠な要素だが、同時にランプ交換の保守対応個所も多数に及ぶ点では弱点ともいえる。LED は長寿命である特徴によって、オーナーや管理者の負担の低減に大きく寄与する。また、LED はハロゲンと比較して運用時に不点灯となったランプの廃材が出ないことも特徴である。LED の寿命から算定した交換時期は約 13 年であるが、この間、ハロゲンを使用した場合には約 12,000 個のランプが廃材となる。この点からも地球環境へのダメージを回避できているといえる。

　さらに、LED 照明は紫外線を含まないばかりか、ハロゲンに比較して赤外線の含有量も少ない。絵画にダメージを与えない LED 照明は、地球環境とともに人類の共通の財産でもある美術品の保護に役立つ。

　省エネルギーの観点からも、LED 採用により照明器具に起因する CO_2 排出量は、ハロゲンランプ採用時に比べ約 58% 削減可能との試算となった。（水谷 周）

光で生物の生息環境を忠実に表現したミュージアム
NIFREL（ニフレル）

[写真1]「いろにふれる」展示室の色の変化

本プロジェクトについて ——

2012年12月に行われた設計コンペでは、アピール度の高いインパクトのある外観と更新性を考慮したフレキシブルな展示空間が要求された。敷地は太陽の塔を臨む万博公園の南側敷地の一部で、1970年に開催された大阪万博の歴史的なコンテクストも重要な要素であり、大型商業施設の玄関として万博エリアの新しいランドマークとなる必要があった（写真2）。展示室は「いろにふれる」「すがたにふれる」「うごきにふれる」など、生物の多様性を表現する展示となっており、それぞれの特徴を強調するような展示空間が求められた。

ワクワクするパビリオン

私たちはこの水族館を訪れた人たちが建物にアプローチする段階でワクワクし、気分を高めることができるようなデザインをめざした。全体のシルエットはマナティのような水生生物を連想させる滑らかで有機的なフォルムとした。

水族館の機能として求められる太陽光が降り注ぐ明るい展示室（写真3）と自然光を完全に遮る暗い展示室のそれぞれに必要な照度に合わせて採光を調整できるような、多孔質な外壁ができないかスタディを重ねた。

菱形窓が市松状に並ぶデザインは窓のサイズ・ピッチにより採光調整が可能であり、角を丸めた菱形窓は水や泡を連想させ水族館のイメージにも合致した。

[写真2] 太陽の塔を望む

[写真3] 柔らかな光が注ぐ展示室

[写真4] φ 1,500 の水槽を見る

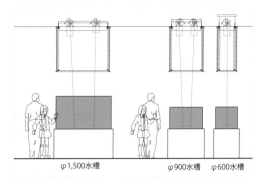

[図1] 照明配置図

ポーラスな外壁は展示空間を柔らかな自然光で包み、非日常を演出するとともに、日射負荷低減、照度確保、自然換気などにも効果的である。

手法1　展示物の色知覚を阻害しない色光コントロール

　色や模様の多様な生物を展示する室では、壁面の色を変化できるようにして多様性を表現したいと考えた。表面材に透過性のある拡散ファブリック、背面には反射性の高い拡散シート、上部にフルカラー LED ライン照明を配置した。ドレープとテクスチャーを強調するため、光源は指向性の強い狭角配光を採用し、奥行き感のある上質なカラー壁面を実現した。水槽照射用照明には、上部の円形ドレープ内に超狭角 LED 照明を設置。さらに個別に長さを調整した特製のフードを設けることで、不要な光を遮断した。それにより、カラー演出に影響を受けることなく、水槽に最適な照度を確保している（写真4、図1）。

手法2　非日常を体験させる光

　生物の形態を展示する水槽では、水とアクリルの臨界特性を利用した「光源の見えない水槽」を新規開発した。上面が開放された水槽の下部に専用の面光源照明装置を設置。アクリルと水の全反射角度と屈折角度を計算し、光源位置とサイズを決定した。それにより遮光板などを使用せずに、底面の光源の存在を消し去っている。暗闇の展示室内で展示生物は下から照らされることにより、その特徴的な形態を浮かび上がらせ、幻想的な雰囲気を醸し出している（図2、写真5）。
　上記の「すがたにふれる」展示室は、展示生物の形を強調するため、そのほかの形を消し去ることをめざした。天井部分には点光源を配置し、壁は全面鏡張りとすることで、無限に光のドットが連続する不思議な空間が実現した（写真6）。点光源はアクリルを削り出し、φ 35 mm の超小型ボディに、10°配光の光学レンズと特殊拡散フィルタを一体成型した器具を作成した。

水槽

アクリル乳半　厚5.0

LED照明BOX
SUS焼付塗装

[図2] 水槽断面図

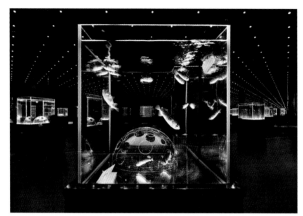

[写真5] 光源の見えない水槽

[写真6] 無限に連続する光のドット

手法3　生物の生態に応じた光環境

※1　相関色温度
⇒p.23※3参照（くわしくは
p.68第2部1.1参照）

※2　演色性
⇒p.51※2参照

　生物の生息する水域の違いによって、水を通した光の色は変わってくる。さまざまな相関色温度※1や演色性※2の異なる光を発することができるLED光源の特徴を活かし、海水や淡水の演出はもちろん、水深による「水の青さ」も再現した。北極から熱帯まで世界中の海に潜った経験をもつ館長と打合せを重ね、何度も水槽を用いた照明実験を繰り返し、そのイメージに近い色温度と配光の照明をつくり上げた。「陸から水面越しに見える水色の風景」、「シュノーケリングで見えるエメラルドブルーの海」、「ダイビングで体感する深い青の海」など、LED光源により生物の生息環境を忠実に表現し、臨場感のある展示を実現した。また、水面入射角や水中拡散性など、水の光学特性を考慮した配光性能をもつ照明器具により、あらゆる水深でも理想的な平行光を水中に照射し、ダイビングやシュノーケリングで体験できる美しい波紋を演出した（写真7）。

　展示室は展示生物ごとに最適な光環境を整える必要があった。たとえば、ワオキツネザルやカピバラは1年を通じて太陽光を好むが、ケープペンギンは適切な繁殖と換羽のために年間の光周期や光量を変化させる必要があった。設計段階で日射シミュレーションを繰り返し行うことで、壁面の菱形窓サイズやトップライト・照明の設置位置を詳細に検討した（図3）。

[写真7] 平行光が照射する波紋

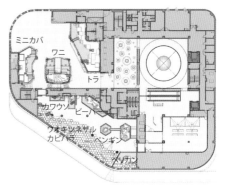

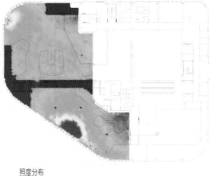

照度分布

[図3] 動物の配置と日射シミュレーション（春分・秋分時）

最後に：太陽光を活かすためのシミュレーション

　生きものを放し飼いにする展示エリアの照明計画は、壁面の菱形窓やトップライトに加えて、照射高さに応じた専用配光角の器具を配置し、刻々と変化する外光に応じて「光のボリューム・高さ・照射位置・輝度分布」が最適になるよう制御した。ルーバー天井内に設置されたレースウェイに対して、配光の異なる種類のスポットライト（調光可能・4,000K）で設置されており必要な箇所にライティングされる照明計画となっている。昼間は鉛直面の「暗さ感」を緩和するように、夜間は夜の生態を見せるため暗さを活かしつつも安全に鑑賞できるよう光のボリュームを低く集めている（写真8）。

　展示室の照明計画は、外光を遮った室内での照明配置を考えることが一般的であるが、今回の計画では太陽光も展示照明のひとつと考え、窓の形状や配置を展示生物に合わせて最適化するシミュレーションを繰り返し行った。一日の時間の流れや季節の流れを展示室に取り入れることで、観覧者にだけでなく展示生物にとっても快適な環境をつくることができたと思う。　　　　　　（北村仁司）

[写真8]「うごきにふれる」展示室　昼と夜

自然光でやわらかく包まれた祭壇
ペトロの家（小聖堂）

[写真1] 小聖堂の内観

本プロジェクトについて

東京都文京区、カトリック関口教会の敷地内に建設された「ペトロの家」。ここで、教会のために人生をささげた高齢司祭らが共同で生活をしている。その建物内に小さな聖堂がある。「ペトロの家」での生活の中心であり大切な「祈りの空間」である。この聖堂は、自然界に呼応する「御御堂（おみどう）」として、自然光の移ろいを感じつつ、神聖な祈りの空間となるよう光をコントロールすることが求められた。本計画の最重要テーマである。

祭壇をやわらかく包む光

自然光の強弱や色温度の変動は採り入れつつも、聖堂内に入った利用者がいつ祈りを捧げに来たとしても意識が自然と祭壇へ向くよう、太陽が昇っている時間は常に光が祭壇側を照らすような空間を生み出したいと考えた。

本聖堂の平面形状は、ミサにふさわしい空間として祭壇まわりに求心性をもった正八角形（エキュメニカルフォルム※1のひとつ）である。祭壇は東側に位置し、利用者は祭壇に向かって座る配置になっている。祭壇に向かう光は、前述した利用者側の視点に加え、司祭らが聖書を読む際の明るさも確保する必要があり、手暗がりなどが生じない等総合的に考え、屋根の中央部に設けたトップライト※2によって自然光を聖堂内へ導くこととした（図1）。

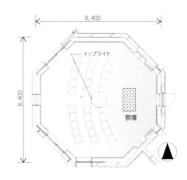

[図1] 小聖堂の平面図
平面形状は正八角形で、中央に向かって天井が高くなっている。屋根形状などはコンピュータシミュレーションや模型でスタディし、司祭とミサにふさわしい空間を検討して決定された。

固定式採光装置によるトップライト

通常、採光装置を考える場合、その仕様が決まるまでは多くの過程を要する。本採光計画では、まず光をコントロールするための太陽光導光・制御ルーバー形状、トップライト内の壁仕上げなど装置の案を机上で検討し、次にコンピュータシミュレーションで机上検討がねらい通りとなっているか検討・確認を行った。

コンピュータシミュレーションは、効果の検討や確認を行う手段として実務を行う過程において、頻繁に用いられる。トライ＆エラーを繰り返すことが可能で、計画をスムーズに実現させる効果的なツールのひとつである。採光装置を開発するにあたり、まずは光線追跡シミュレーションによって採光装置内のルーバーを設計通りの角度にすることで光線が狙い通り祭壇へ向かうことを事前に確認し（図2）、建物空間の照度シミュレーションでは、日時の違いによらず祭壇方向へやわらかい光が照射されていることを照度分布にて確認した（図3）。

コンピュータシミュレーションによる検討によってある程度「かたち」が出来てきたところで、次に行うのが模型実験による検討である。模型実験は、人間の目で光の状況や空間全体の光環境を確認する目的と、その場にいる複数の人と光の感じ方を共有することができ、ディスカッションしながら方向性を決めていくことができる。とくに今回のように演出的な採光を考える場合は、照度、輝度といった数値だけでは把握しきれない光の質感などの印象（祭壇に当たった際の周囲の光環境とのコントラストや光のやわらかさ加減など）を確認しておくため、模型実験は大切なプロセスである。

まず、太陽光導光・制御ルーバーにより光が祭壇へ向かうことを確認した。図4は、春秋分の南中時の条件で太陽光を模擬した光を照射した様子である。

次に、トップライトのガラスの品種の違いによる効果比較を行った（図5）。模型は縮尺1/20であり、光源は疑似平行LED照明装置を利用した。光のやわらかい印象を生み出すため

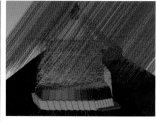

[図2] 小聖堂における光線追跡シミュレーション例

春秋分　10：00
屋外水平面照度 76,000lx

照度分布　　　　　　　　　　イメージ

春秋分　14：00
屋外水平面照度 84,000lx

イメージ

照度

0	100	200	300	400	500

lx ～

[図3] 小聖堂における照度シミュレーション結果

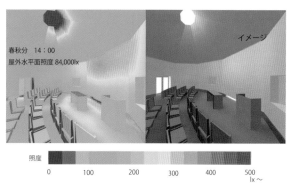

採光システムなし　　　　　　　採光システムあり

真下

祭壇方向

[図4] 光の方向性確認模型実験例

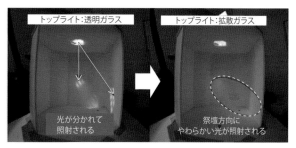

トップライト：透明ガラス　　　　トップライト：拡散ガラス

光が分かれて
照射される

祭壇方向に
やわらかい光が照射される

[図5] ガラスの種類検討型実験例

※1　エキュメニカルフォルム

カトリックやプロテスタントなど宗派を超えたキリスト教の統一性を象徴する形状。

かつてカトリック教会で採用されていたヒエラルキーが高い（前の方に身分が高い人の席がある）空間ではなく、祭壇を取り囲んでみなが平等にミサに参加できる空間をめざした形状。

※2　トップライト

⇒ p.13 ※1参照

に適切なガラスの選択は重要である。複数メーカーからさまざまなガラスサンプル板を取り寄せ、模型のトップライトのガラスを取り換えながら目視で模型内の光環境を確認しつつ最適なガラスを選定することに時間を要した。トップライトは、光を拡散させるガラスを用いることで、やわらかい光が聖堂内に入ることを確認し、複数種ある拡散ガラスの中でもねらい通りの光となるものに絞り込んだ。相互理解をはかるため、司祭らにも模型を用いてガラスの違いによる効果を実際に目視で確認してもらい、最終決定に至った。

　上記の過程を経て、開発した固定式の太陽光採光装置の採光手法について、システム概略図を図6～8に示す。本採光装置は、以下1)～4)により構成される。

1) 拡散ガラス（ペア）　　　①：光の「やわらかさ」をコントロール
2) 北側平滑鏡面　　　　　②：光を任意の方向へ反射させる
3) 太陽光導光ルーバー　　③：2)で反射した光をより下方に整えて導光する
4) 太陽光方向制御ルーバー　④：聖堂内の祭壇方向へ光が照射されるよう制御
　いずれも可動機構を設けず①～④の組み合わせにより光の方向を制御する。

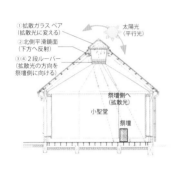

[図6] 小聖堂内断面図と採光装置

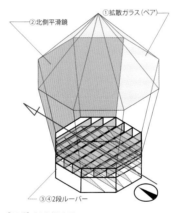

[図7] 採光概略図

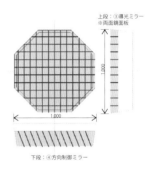

[図8] 2段ルーバー構成

手法2　部位ごとに反射率をコントロール（光を印象的に魅せる空間の明るさ）

　実際の聖堂は、模型実験とは異なり床は木を用い、反射を低く設定することで空間全体の反射率を抑えて、祭壇の光を強調するとともに、壁面は反射率の高いものとすることで、光が照射される面の陰影を知覚しやすくしている。天井は光を拡散するオフホワイトの色を選択し、司祭らが読む聖書を柔らかな拡散光で照らす効果を期待した。

　実際の建物に採光装置が設置され、竣工を迎えた後、採光装置の性能確認を行った。2010年9月15日（晴天日）に、床面5箇所、屋外1箇所の照度測定および採光状況のインターバル撮影を実施した。図9に測定箇所と照度測定結果を示す。祭壇側は、午前中約600～800lxで推移し、他の箇所と比較し3倍程度高い照度となっている。午後は15時ごろまで約400～600lxと他の箇所と比較し2倍程度高い照度になっている。聖堂内の窓面からの採光に加え、トッ

プライトからの採光により、当初の計画通り、一日を通して日中は祭壇側が明るく照射されている。トップライトからの光が祭壇側壁面のニッチ（壁を凹状にくりぬいた部分。像などが置かれる）を明るく照らしており、採光装置による太陽光の照射位置についても当初の計画通り、採光されている状況が確認できた。

次のプロジェクトへつなぐ

　採光を確保するために計画するトップライトは、空調負荷のことを考えるとその面積はできるだけ絞りたくなる。今回の計画は、トップライトの大きさを限定することで熱的問題も適切にコントロールし、部屋全体に穏やかな光の空間をつくり上げた。さらに、部分的に演出したエリアの照度を年間通じてコントロールすることにも成功しており、これらはすべて可動機構をもたない固定式採光装置によって実現させている。建物に省エネ性能が求められることが一般化しつつある今日、本事例を通じて、これからの建築ではこのような複雑な光環境の創造もパッシブで行われることが重要である。

　さらに重要なことは、クライアントが抱く建築空間への思いや必要な要素（仕様、性能など）をくみ取り、建築設計者がそれを実現することである。本案件の場合、構想通りの光環境とするために、採光装置を新規開発することで対応した。そして、このように新技術を構築・導入した後にやるべき重要なことのひとつは、実空間の確認作業である。竣工後の照度や輝度データを蓄積することで、シミュレーションの精度や検討内容の妥当性を確認し、以降のプロジェクトにこれらの知見を反映させることで、さらにその次へとつなげることができる。

　後に、この計画が縁となり、別の施設（聖ベルナデッタ修道院）内の小聖堂へも同様の採光装置を導入した（写真2）。クライアントである司祭やシスター方々に喜んでいただき、いずれの小聖堂も教会の方々がやわらかな光の祈りの場所として毎日利用し、穏やかに生活されていると聞いている。

（菅原圭子・渡邉智介）

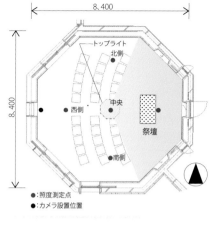

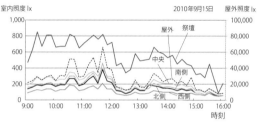

[図9] 小聖堂の照度測定結果

・注記

採光装置を実現化するにあたり実施したコンピュータシミュレーションや模型実験は、聖ベルナデッタ修道院の採光装置でも同様に実施している。本文内の図の一部（光線追跡解析例とガラス品種実験例）は、わかりやすい事例のひとつとして聖ベルナデッタの検討時のものを用い、説明している。

[写真2] 聖ベルナデッタ修道院内小聖堂における採光状況

[写真1] 日没後の光景

光の連続性で導く海の世界
上越市立水族博物館　うみがたり

[図1] 配置図　1/5,000

本プロジェクトについて

1934年に開館して80年以上の歴史をもち、上越の海のシンボルとして親しまれている水族館の建替え計画である。敷地北側には日本海が広がり、南側には旧直江津市の市街地が広がる立地である。これまでの歴史や豊かな資源をもつポテンシャルを継承し、日本海の特徴的な海底地形を再現した水槽や、水生生物の生息環境を再現した展示空間を設け、まちの活性化や、地域の魅力の発信を担う新施設として計画された。

自然光による新たな価値の創造

　水族館は遊びながら学べる集客施設と呼ばれ、訪れた人が水生生物たちの生態環境に入り込み、自然と触れ合う体験ができるように多様な空間が求められる。新しい水族館は「五感で学ぶ日本海」という施設コンセプトに基づき、日本海を全面に打ち出し、活かすことを考えた建築である。自然環境に近い状態で生物を鑑賞してほしいという想い、立地がもつ他にない眺望を活かしたいという想いが込められている。メイン水槽となる日本海大水槽や水槽を取り巻く展示通路においては、自然光を利用して空間を効果的に演出し、地域の環境がもつ魅力を伝える工夫を取り入れた。

手法1 **自然光を大水槽の演出照明とする**

　敷地は海と高低差のある立地ではあるが、周辺には海を見渡せる場所がなかった。そこで、日本海大水槽の最上階に開放的なテラスを設け、上越の海の光や眺望、風、香りがつくり出す美しさや冬の厳しさを体感できる場所とした。ここに立つと、まるで日本海を泳ぐ生物たちをのぞき込んでいるかのように、海と水槽の水面が一体となった光景が広がる（写真1）。テラスに立つ人の視点や視線を読み解き、前面道路や砂浜はもちろんのこと、水槽の縁や建物の外壁も視線に入らないようにテラスとの位置関係を調整している（図2、写真2）。また、水槽の外周部は水深200mmほどの浅瀬となっているが、テラスから約15〜18m離れた浅瀬の領域では、視線となす角度が5°前後となって、フレネル反射※1によ

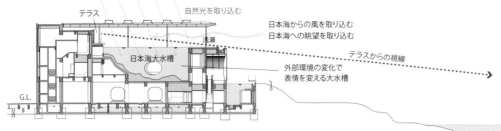

[図2] 断面構成。視線上で日本海大水槽と日本海をつなぐ

[写真2] 夕暮れ時にロビーからテラス越しに日本海を眺めた様子

[写真3] 水槽上部の大庇にはトップライトを設けている

[図3] 設計段階における3DCGでのテラスの見え方の検討

[写真4] 夕刻の光景

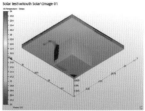

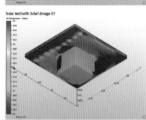

[図4] 水槽底部の水温度解析

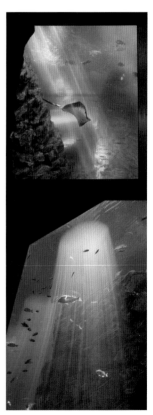

[写真5] 自然光により演出される水中の様子

り浅瀬の底は見えずに、海と同じように空が映り込む。水面に環境を映すことで、自然光と一体で変化する魅力的な眺望がつくり出されている。

　日本海大水槽の内部は、日本海の海底地形を擬岩のジオラマとして再現している。上越市沖の海底は、世界でも類を見ない急峻な地形で、それがつくり出す水の流れの中で生物たちが過ごす姿を来館者が楽しみながら眺め、日本海の生態系を学べるようにしている。この特徴的な生息環境の自然を表現するため、日中は昼光を大水槽の演出照明とすることを考えた。

　実際に生物が生息できる水槽とするためには、積雪や日射による水槽への影響も考慮する必要があり、ガラス屋根ではなく大庇にトップライトを設ける手法により構築している。水槽直上の庇部分には直径1.5mのトップライトを29か所設置しており、水槽上部の大庇の開口率は約12%となっている。写真3の水面にトップライト[※2]からの光が確認できるように光を絞りながら水槽へ導くことで、水中ではチンダル現象[※3]により光の筋が生じる。泳ぐ魚たちのきらめく姿が浮かび、来館者は海中で光芒現象に遭遇したかのような劇的な演出を体験することができる（写真5）。また、トップライトの開口は庇の構造体の陰となる位置とし、3階の

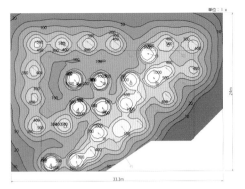

単位：lx

[図5] 大水槽の投光器の照射方向の検討

33.3m

ロビーや夕日テラスを訪れた来館者にとってもっとも印象的なシーンとなる日本海の眺望で、庇・空・海の明暗の対比が明快に浮かぶように配慮している。

見え方の検討は、3Dコンピュータグラフィック・ツールを利用して、構造体の寸法設定と合わせて3次元で行った（図3）。日射が水槽に与える熱的影響については水槽をモデル化して水温分布の非定常解析を行った。水温へ影響を及ぼす範囲は限定的となる結果が得られ、水槽全体への影響は少ないことを確認している（図4）。

夕方から夜にかけての演出照明には人工照明も利用している。光源のグレア[4]や水槽外周部の浅瀬の明るさに配慮して、時間変化する眺望の妨げとならないよう投光器を大庇のトップライト部分に設置している。また、水槽の1つの窓から見える情景では、光の方向を揃えられるように照射方向の検討を行い、山の連なりのように視認される擬岩の配置により、明暗のレイヤーが強調される奥行きのある情景を演出した（図5）。

風景や自然光を取り込む工夫により、日差しの角度や雲の様子、日本海の風がつくる波紋、擬岩の表情、生物たちの動き、これらが重なり合って時々刻々と変化する光景は、「ずっと見ていても飽きない」「ダイビング中に出会った光芒にそっくり」といわれており、訪れた人々が自然の魅力を瑞々しく体感できる空間となっている。

手法2 **明るさと空間のシークエンスをつくり出す**

日本海の雄大な眺望で圧倒した後には、来館者を幻想的な水中の世界へ惹き込むために、まるで海の中へ潜っていくような体験ができるシークエンスを順路の中で計画している（写真6）。

まず来館者は、周辺に光を遮る建物がなく空が広がる屋外から、ガラスファサードとして昼光を積極的に取り入れたエントランスホールを経由して3階まで一気に上がる。そして、大庇や屋根で覆った半屋外空間である日本海テラス、イルカスタジアム、海獣プールで眺望とパフォーマンスを楽しんでしばらくの時間を過ごす（図6）。照度にして数万lxの屋外環境から数百lxの屋内環境へと昼光を少しずつ遮る空間を巡ることで、来館者は少しずつ暗い環境へと順応[5]していく。

続く順路は、3階から2階へと下る日本海大水槽のまわりを囲むスロープになっている。3階建てで立体的な変化のある断面構成を活かして、平面的には折り畳みながら動線をつくり、移動する中で1つの水槽をさまざまな視点から楽しめるように水槽の窓の配置を工夫している。大水槽の水面よりも低い2階のフロアレベルへと進むと、水槽越しに入る光か最小限のスポットライトで主に照明された展示通路となる。展示時の人工照明の計画照度は最大でも50 lxとして極力抑えた設定とし、通路の内装は明度の低い反射率10%以下の色となっている。水槽よりも来館者側を暗くすることは、水槽面への映り込みを避けて鑑賞性

※1　フレネル反射
屈折率の異なる物質が接触する境界面に光が入射したときに、その光の一部が反射する現象。反射光の強度は屈折率の差と入射角に依存し、光の入射角が浅いほど反射光成分は大きくなり、全反射に近づく。

※2　トップライト
⇒p.13※1参照

※3　チンダル現象
微小な粒子が分散している空間に光が入射したときに、その粒子により光が散乱し、光の道筋が見える現象のこと。主に光の波長よりも大きな粒子による光の散乱で生じる。

※4　グレア
⇒p.5※1参照（くわしくはp.97第2部4章参照）

※5　順応
⇒p.45※6参照

※6　マンセル値
マンセル表色系により色の3属性（色相、明度、彩度）を表現した値。色相を表す英数字、明度と彩度の数値の組合せで表示する。明度と彩度は0に近いほど低くなる。建築分野では塗装色を指定する場合に一般に用いられている。

※7　後退色
寒色系の色や明度の低い色で、その他の色と対比させると遠くにあるように見える色。

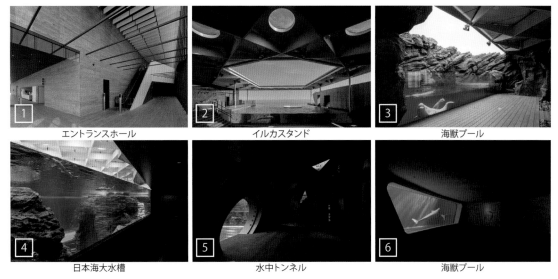

1 エントランスホール	2 イルカスタンド	3 海獣プール
4 日本海大水槽	5 水中トンネル	6 海獣プール

［写真6］展示順路に合わせた明るさのシークエンス。写真中の番号は図12の平面図に記載した番号の位置と対応している

を高める効果に加えて、展示空間の明るさが水槽の窓からの光の取り入れ方によって変化する効果を生み出している。このように、光の遮断・透過を、フロアレベルと窓に応じて変化させることで幻想的なシークエンスをつくり出している。

水槽の内部の壁や床の防水面の色が鮮やかな青色と感じられることが、印象的な雰囲気をつくる要素のひとつとなっているが、実際に選定されている色のマンセル値[※6]は、明度が2程度、彩度が1程度としても低い色となっている。後退色[※7]を選んで水槽の形状や広さを認識しづらくさせて、海中のような奥行きを見せることを意図している。しかし、水中で見る防水面は空気中で見るよりも数段階明るく感じ、長波長の色が吸収された結果青緑がかった色味で視認されるため、色のサンプルや事例などを十分調査し、綿密な打合せにより色を決定している。

変化する空間を移動する中でつくり出されるシーンを関係者と共有し、場面の展開や各所の仕様を確認するプロセスでは、3Dモデルデータからのパースの切り出しが積極的に活用されている。今後は、さらに光環境シミュレーションとの組合せなどにより、来館者が体験する輝度の分布や時間履歴のデータと合わせて定量的にコントロールする手法が、より魅力的な体験を生む空間の創出のための技術のひとつとして考えられる。　　　　　　　　　（寺崎雅彦・山崎弘明）

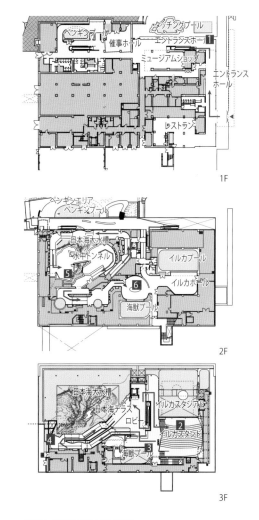

1F

2F

3F

［図6］各階平面図と展示順路

第 1 部　参考文献、写真・図版クレジット

【参考文献】
Theme 1 CASE 3
1）伊藤剛ら：低炭素化と知的生産性に配慮した最先端オフィスの調査研究 その 1 建物概要と低炭素化の設計手法、日本建築学会学術講演梗概集、pp.961-962、（2011）
2）和田克明ら：低炭素化と知的生産性に配慮した最先端オフィスの調査研究 その 7 自然光を利用したオフィスの光環境計画と実測、日本建築学会学術講演梗概集、pp.973-974、（2011）
3）長舟利雄ら：低炭素化と知的生産性に配慮した最先端オフィスの調査研究 その 9 IC タグを利用した空調・照明制御システム、日本建築学会学術講演梗概集、pp.977-978、（2011）
4）谷口智子ら：低炭素化と知的生産性に配慮した最先端オフィスの調査研究 その 33 PGSV に基づく自動ブラインド制御アルゴリズムによる光環境の評価実験、日本建築学会学術講演梗概集、pp.1255-1256、（2013）
5）伊藤剛ら：自然採光の活用とヒューマンファクタを利用した照明負荷削減手法、空気調和・衛生工学会誌　第 90 巻、第 5 号、pp.33-41、（2016）
6）小島義包ら：輝度画像を利用したブラインド制御用遮光要否判定方法の研究、日本建築学会環境系論文集、第 735 号、pp.435-442、（2017）
7）小島義包ら：輝度画像を利用した照明制御システムの研究、電気設備学会誌、第 38 巻第 1 号、pp.62-69（2018）
8）吉野攝津子：建築物の環境認証制度（6）認証システムの概要と日本の事例（WELL）、空気調和・衛生工学会誌　第 92 巻、第 9 号、pp.81-88、（2018）
9）中村芳樹：ウェーブレットを用いた輝度画像と明るさ画像の双方向変換－輝度の対比を考慮した明るさ知覚に関する研究（その 3）－、照明学会誌、90-2、pp.97-101、（2006）

Theme 2 CASE 5
1）JIS Z 9127：2011、スポーツ照明基準、日本規格協会
2）蒲山久夫：急激な明暗変化に対する緩和照明について、照明学会誌、Vol.47、No.10、pp.488-496、（1963）
3）篠原他：LED スポーツ照明の直視グレアに関する研究　その 4　体育館の視野内光環境評価とグレア評価に関する考察、照明学会全国大会講演論文集、04-05、（2017）

Theme 3 CASE 1
1）淵田隆義、CIE TCI-69「白色光源の演色性評価方法」活動報告、日本照明委員会誌 27 巻 4 号、pp.209-213、（2010）

【写真・図版クレジット】
Theme 1 CASE 1
写真 2　彰国社写真部

Theme 1 CASE 4
図 2　パナソニック

Theme 1 CASE 5
扉、写真 2　エスエス　石井哲夫
写真 1　パナソニック
写真 4　小川重雄

Theme 2 CASE 4
写真 1、2、yaJbnhncfl7 図 4、5、6　YAMAGIWA

Theme 3 CASE 1
写真 1、4　金子俊男

Theme 3 CASE 2
写真 1、6　トータルメディア開発研究所
写真 4、5、7、8（右）　大光電機／稲住写真工房

Theme 3 CASE 3
写真 1、2　走出直道　エスエス
Theme 3 CASE 4
扉、写真 1、2、3、4、5、6　日暮写真事務所

1章

光色と演色性

空間の照明を設計する際、色は非常に重要な要素である。光の色によって空間の雰囲気が変わったり、光の質によって部屋に置かれている家具の色や食卓の上に置かれた料理の色の見えが変わったりする。また、最近では光の色や質が人の身体にも影響を及ぼすことがわかってきた。ここでは、照明にまつわる「色」について解説する。

照明光に関連する色には 2 つの側面がある。1 つは照明光そのものの色であり、もう 1 つは照明された物の色である。照明光そのものの色は「光色」と呼ばれ、色度座標、色温度、相関色温度、色度座標上での黒体放射軌跡からの偏差などを用いて表される。光が照明した物の色の見えに及ぼす効果を「演色」といい、照明光の演色性能のことを「演色性」という。平均演色評価数 R_a（アールエー）などで評価される。これらはよく耳にする用語ではあるが、理解を深め正確に活用していただくために解説する。

1.1 | 光そのものの色「光色」

1.1.1 光色の表し方

一般的に、照明には白色光が用いられるが、白色光といってもその色はさまざまである。図 1 に示すように、ろうそくの炎のように赤っぽい光もあれば快晴の空のように青っぽい光もある。このような光の色のことを「光色」と呼ぶが、それを定量的に表す方法が今までも検討されてきた。ここでは、光色を定量的に表す方法について説明する。

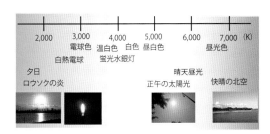

[図1] 照明光と色温度

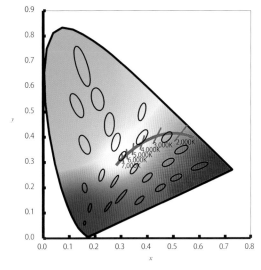

[図 2] CIE 1931 色度図[1]（xy 色度図）

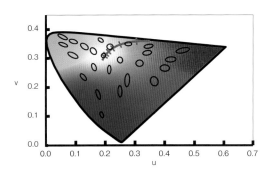

[図 3] CIE 1960UCS[1] 色度図

照明光の光色を表す基本的な指標である色度は、分光分布の測定値から国際照明委員会（CIE）が定めた等色関数[1]を用いて算出される。照明光の色度の表示には CIE 1931 色度図が用いられることが多い。色度図とは、図 2、図 3 のように光や物体の色を、座標を用いて示したものである。

これに加えて照明光の色を表す指標として、黒体（プランクの放射体）の温度とそのときに放射される光の色度とを関連づけた色温度がある。黒体は、

入射したすべての波長の放射を反射も透過もしない
で完全に吸収する仮想の物体（炭のようなものを想
像するとこれに近い）で、その温度によって色が変
化する。温度が低いと黒色で、温度が高くなるにし
たがって赤色〜橙色〜黄色〜白色〜青みがかった白
色へと変わる。照明光と色度が等しい光を放射する
黒体の絶対温度を用いて照明光の光色を表したもの
が色温度（T_c）、単位は K（ケルビン）である。温度
によって変化する黒体の色度の軌跡を黒体放射軌跡
と呼ぶ（図2、図3の曲線）。照明光の色度がこの
黒体軌跡上にあれば、その照明光の光色は色温度で
表すことができるが、色度が黒体軌跡から外れた照
明光の光色は色温度で表すことができない。その場
合の照明光の光色は、相関色温度（T_{cp}）と色度座標
上での黒体軌跡からの偏差 d_{uv}（または、その 1,000
倍である D_{uv}）を用いて表す。

　ここで、d_{uv} を計算するにあたり、色度図上で計
算される色の差（色差、座標上の距離）と人間が知
覚する色の差の感覚を一致させておく必要がある。
図2の CIE 1931 色度図 [1]（xy 色度図）内に描かれ
ている楕円は、色差弁別閾（楕円中心座標の色に
対して、人間が異なる色と弁別可能か否かの境界）
を 10 倍して示したものであるが、この図において、
青の領域では弁別閾を示す楕円は小さく、赤、黄、
緑の領域になると大きくなっていく。つまり、こ
の色度図上では2点間の計算上の色差が同じでも、
知覚される色差は青領域では大きく、緑領域では小
さいというように、比較する座標位置によって異
なっている。この計算上の色差と知覚される色差の
違いを小さくするため、図3に示す CIE 1960UCS
色度図 [1] がつくられた。この色度図上では、領域
による楕円の大きさの違いが小さくなっており、色
の領域によらず計算上の色差と知覚される色差の
違いが小さいことを示している。d_{uv} は、この CIE
1960UCS 色度図上で計算される。

　JIS Z 8725 [2] では、CIE 1960UCS 色度図上で、
照明光の色度にもっとも近い色度の光を放射する
黒体の温度を相関色温度としている。また、CIE
1960UCS 色度図上での黒体軌跡から照明光の座標
までの距離が d_{uv} であり、照明光の色度座標が黒体
軌跡より上側にあるときは d_{uv} は正の値となり、下
側にあるときは負の値となる。照明光の色温度、相

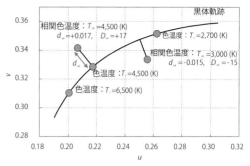

[図4] CIE 1960UCS 色度座標上での色温度、相関色温度、d_{uv}（D_{uv}）

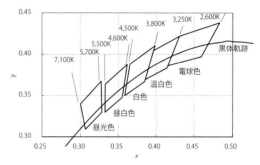

[図5] 蛍光ランプ・LED の光色の色度範囲

[表1] 蛍光ランプおよび LED の光色の色度範囲

光色 区分	昼光色	昼白色	白色	温白色	電球色
相関色温度 Tcp（K）	5,700 〜 7,100	4,600 〜 5,500	3,800 〜 4,500	3,250 〜 3,800	2,600 〜 3,250

関色温度、d_{uv}（D_{uv}）の例を図4に示す。

　JIS Z 9112 [3] では、蛍光ランプおよび LED の光
色を色度座標によって5つに区分している。それ
ぞれの区分の照明光の名称は、色温度（相関色温
度）が低いほうから順に、電球色、温白色、白色、
昼白色、昼光色であり、それぞれの相関色温度の範
囲、色度範囲は図5、表1に示すとおりである。た
だし、一部の白色の環形蛍光ランプの色度の範囲は
図5とは少し異なる。

1.1.2　建築空間における光色選択の考え方

　照明光の光色によって、照明される空間の雰囲気
が異なる。色温度（相関色温度）が低い照明光（低
色温度の照明光）は赤っぽく、照明された空間から
は温かみを感じる。一方、色温度（相関色温度）が
高い照明光（高色温度の照明光）は青白く、照明さ

カラーガラスによるスケルトン空間の分節

　この展示室エリアの間仕切りガラスは、ブルーの中間膜の合わせガラスであり、会議室エリア、打合せスペース、ストックヤードの間仕切りガラスはオレンジの中間膜の合わせガラスになっている。隣接する2空間の視線はガラスのすぐ向こうがブ

ルーやオレンジに染まる一方、マンセル値で補色関係の色を選んでいるので、3つの空間に連続して視線が通ることが起こらない。また、間仕切りにガラスを使用しているが、隣の部屋との距離感を視覚的に保っているので、まったく違う活動をして

いたとしても気になりにくい。カラー中間膜合わせガラスがもつ色彩と遮蔽の効果で、スケルトンの空間に「不思議な距離感」と「ゆるやかな遮蔽」が生まれている。

（平島重敏）

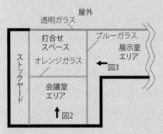

図1　AGCstudioの展示室・会議室エリア概略図

図2　会議室エリアから打合せスペースを見た場合

図3　展示室エリアから打合せスペースを見た場合

（設計：乾久美子建築設計事務所）　※ AGC studio展示室・会議室エリアは現在、改修のため存在しません。

れた空間からは涼しさを感じる。低色温度の照明光によって高照度に照明すると空間が暑苦しく感じられ、高色温度の照明光によって低照度に照明すると空間が陰鬱に感じられるという実験結果[4]がある。この実験では、用いられた光源の種類が光色によって異なるなど、いくつかの課題が指摘されている[5]が、空間や行為によって適切な照度と光色の組合せがあることには異論の余地はなさそうである。第1部の「東映アニメーション　大泉スタジオ」(p.18)の照明でも応用されているように、実現したい空間の雰囲気に適した照度と光色の組合せを見出して設計することが重要である。

　照明光の色を変化させることを「調色」と呼ぶことがある。調色は、空間の雰囲気を時間によって変化させたり、概日リズム[注]などの人の生体への光の影響を変化させたりするために用いられるようになってきた。LEDの発光素子そのものを調色することはまだむずかしいが、発光色の異なる複数のLEDを個別に調光し、それらのLEDから放射さ

れた光を混光することによって調色することが容易にできるようになってきた。

　第1部で紹介されている「ホキ美術館」(p.50)の照明では、照射面である絵画の位置で相関色温度の異なる光を混光している。必ずしも、1つの照明器具の中で混光して調色しなければならないということはなく、必要に応じて照射面で光が調色されればよいという考え方は非常に参考になる。ただし、立体物を対象として異なる方向から色が異なる光で照明する場合は、影に色がついて見えることがあるので注意が必要である。埼玉県川口市に建設された火葬場「めぐりの森」（設計：伊東豊雄）では、故人と最後の別れをする炉前の空間の照明を調色可能にし、別れのときには温かい気持ちになるような低色温度に、骨を拾いこの施設を後にするときは気持ちを切り替え、心を整理するのを助ける高色温度に設定できるように設計されている。同じ空間でも、時間や場面によって求められる雰囲気が異なる場合があるが、それを照明がうまく演出できている事例である。

　調色の代表的な手段は2つある。1つは赤色、緑色、青色に発光するLEDを個別に調光し、それら

注）概日リズム：約24時間周期の睡眠と覚醒に関するリズム。サーカディアンリズムともいう。

の光を混光する方法であり、もう1つは高色温度の白色LEDと低色温度の白色LEDを個別に調光してそれらの光を混光する方法である。赤色、緑色、青色のLEDを個別に調光する方法は、設定したい光色（相関色温度およびd_{uv}）を自由に設定できるメリットがあるが、3種類のLEDを個別に制御する必要があるため制御が複雑になるというデメリットがある。高色温度の白色LEDと低色温度の白色LEDを個別に調光する方法は、単純な制御で実現できるというメリットがある一方、光色は用いられる2種類の白色LEDの色度図上での座標を結ぶ直線上でしか実現できないというデメリットがある。したがって、図6に示すように、相関色温度によっては、色度座標が黒体放射軌跡から大きく離れ、d_{uv}値（絶対値）が大きくなってしまうことに注意を払う必要がある。また、いずれの方法においても、調色された照明光の光束の最大値は光色によって異なり、その結果得られる照度の最大値も光色によって異なる点には注意が必要である。

一般に、視作業を伴う空間は電球色から昼光色の白色光（JIS Z 9112で規定されている「白色」ではなく一般的な白い光の意味での「白色光」）で照明される。JIS Z 8725を参考にすると、d_{uv}値が±0.02以内の光を白色光と考えることができ、±0.02を超える光は色のついた光「色光」ととらえることができる。空間を演出する目的で、壁面や天井面を色光で照明することがあるが、そのような場合にも、視作業を行う場所にはできる限り色光が漏れないように、配光に注意を払うことが重要である。第1部で紹介されている「NIFREL」（p.54）の照明では、必要な場所にだけ色光が届き、展示されている魚や鑑賞者の方向には色光が漏れないようにうまく設計

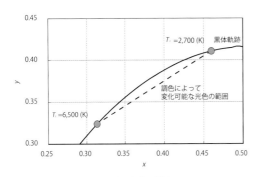

［図6］2色の混光による調色時の色度の軌跡

が工夫されている。

1.1.3　光色への順応と色の見え

人間が色を感じるのは、目の網膜にある3種類の細胞が青、緑、赤の強さを別々に感じることができるからである。青を感じる細胞をS錐体、緑を感じる細胞をM錐体、赤を感じる細胞をL錐体と呼ぶが、S錐体は青が強い光が目に入ってくると感度を下げ、M錐体は緑が強い光が目に入ってくると感度を下げる。またL錐体は赤が強い光が入ってくると感度を下げる。これが、色順応と呼ばれる現象であり、デジタルカメラの「ホワイトバランス」の技術とよく似ている。それぞれの色の強さと感度低下の程度の関係については、これまで多く研究されているが、von Kriesの色順応理論[6)7)]や、CIE色順応式[8)]、CIECAM02[1)]で採用されている色順応式などが有名である。

この色順応と呼ばれる現象は照明光によっても引き起こされる。低色温度の赤っぽい光の下にいると、L錐体が感度を下げ、徐々に白い光の下にいるように見えてくる。逆に、高色温度の青白い光の下にいると、S錐体が感度を下げ、徐々に白い光の下にいるように見えてくる。したがって、低色温度の光で照明された空間に長時間滞在し、その光に順応した状態で高色温度の光で照明された空間に移動すると照明光・空間が極端に青白く感じられ、逆に、高色温度の光に順応した状態で低色温度の光で照明された空間に移動すると極端に赤っぽく感じられる。隣接する空間を、光色が異なる光で照明する場合は、この色順応によって極端に色の見えが変わる可能性があるので、注意が必要である。

色順応は、色覚の比較的低次な目の網膜のレベルで生じるが、より高次な脳のレベルで生じる色恒常性という現象もある。これは、人間の記憶とも関連しており、ものの表面の色を記憶しているときに生じる。たとえば、赤いと記憶しているリンゴはどんな照明光下でも赤く見えるし、白いと思っている壁の色はどんな照明光の下でも白く見える。逆に、壁などの白いと記憶しているものの色から照明光の光色を無意識に逆算して推測しているとも考えられている。

この色恒常性を図7に示すように空間に展開して応用すると、おもしろい演出が可能となる。観察

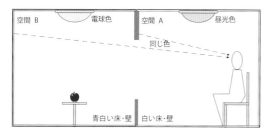

[図7] 照明認識視空間を応用した照明演出の例

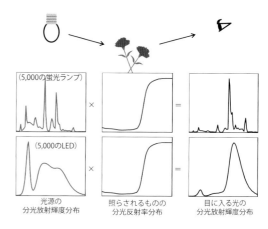

[図8] 演色性の概念

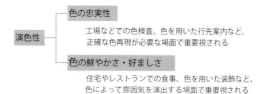

[図9] 演色性の2つの側面

者がいる空間Aに隣接した空間Bの照明光をAとは異なるものにする。ただし、空間Bを照明している光源は観察者からは見えないように配置する。たとえば、空間Aを昼光色の光で照明し、空間Bを電球色の光で照明する。このとき、空間Bの壁紙や床材などを青白いものにし、空間Aとまったく同じ色に見えるようにすると、観察者は空間Bも昼光色の光で照明されているように思い込む。ここで、空間Bに赤いリンゴを置いたとすると、リンゴの表面で反射して観察者の目に届く光は、電球色の光が赤いリンゴの表面で反射された光なので非常に赤いが、観察者は昼光色の光で照明されていると思い込んでいるので、そのリンゴの色はさらに極端に赤く感じられる。色の恒常性を空間に展開した、照明認識視空間と呼ばれる研究[9]の応用である。

1.2 | 演色

　照明光が照明された種々の物体の色の見えに及ぼす効果のことを「演色」という。また、照明光の性能を評価する際には、演色性という用語が用いられる。光そのものの色「光色」とそれによって照らされたものの色の見えは分けて考えることが重要である。たとえば、図8に示すように人間がものの色を知覚するとき、目に入る光は対象物を照らしている照明光の分光分布と対象物の分光反射率を掛け合わせたものとなっている。照明光の光色が同じであっても、その分光分布は種々異なるので、それが対象物で反射して目に入ってくる光の分光分布も照明光によって異なる。この、目に入ってくる光がどのような分光分布、色になるかというのが演色性の概念である。

　演色性は、照明光の性能を評価する指標のひとつであり、その照明光で照明される物体の色をどのよ

うな色に見せることができるかという側面で照明光を評価する際に用いられる。図9に示すように、演色性は大別して2つの観点で評価される。1つ目は、基準（自然）光で照明された物体の色の見えにどれだけ近い色の見えを再現できるかという、忠実性の観点であり、もう1つは、物体の色をどれだけ鮮やかに見せることができるか、あるいは、好ましく見せることができるかという観点である。

1.2.1 忠実性の観点での演色性

　忠実性の観点での照明光の演色性の評価には、JIS Z 8726[10]で規定されている平均演色評価数 R_a、特殊演色評価数 R_i（$i=1 \sim 15$）が用いられる。これらの演色評価数は、評価対象の照明光で照らしたときの試験色の色が基準光で照らしたときの色とどれだけ近いかを数値化したものである。基準光は自然光を想定し、評価対象の照明光と色温度が等しい黒体放射または相関色温度が等しい CIE 昼光[注]が用いられる。試験色の色が基準光で照らしたときとまったく同じになる場合には評価値は 100 となり、

注）CIE 昼光：国際照明委員会（CIE）が定めた、昼光の代表的な分光分布。CIE は相関色温度から分光分布を算出するための計算式を規定している[1]。

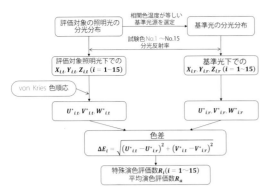

評価対象の照明光の分光分布 → 相関色温度が等しい基準光源を選定 → 基準光の分光分布

試験色No.1〜No.15 分光反射率

評価対象照明光下での $X_{i,t}, Y_{i,t}, Z_{i,t} (i = 1\sim15)$

基準光下での $X_{i,r}, Y_{i,r}, Z_{i,r} (i = 1\sim15)$

von Kries 色順応

$U^*_{i,t}, V^*_{i,t}, W^*_{i,t}$ 　 $U^*_{i,r}, V^*_{i,r}, W^*_{i,r}$

色差
$$\Delta E_i = \sqrt{(U^*_{i,t} - U^*_{i,r})^2 + (V^*_{i,t} - V^*_{i,r})^2}$$

特殊演色評価数$R_i (i = 1\sim15)$
平均演色評価数R_a

[図10] 平均演色評価数および特殊演色評価数の算出フロー

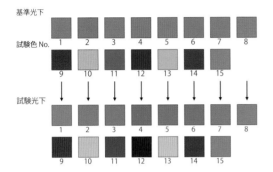

[図11] 基準光と試験光（評価対象の照明光）で照明した試験色の色
注）試験色1〜8は、中間色相の中明度中彩度の色、試験色9〜12は高彩度の赤、黄、緑、青、試験色13はコーカサス人の肌色、14が葉の緑色を代表する色であり、ここまでがCIEで国際的に定められた色である。試験色15は日本人の肌色を代表する色であり、JISで独自に規定されている。

色の差が大きくなるほど評価値は小さくなる。

　演色評価数算出の過程を図10に示す。流れとしては、基準光源と評価対象の光源それぞれの目に届く測光量（X、Y、Z）を、順応を考慮した値（U^*、V^*、W^*）に変換し、その値同士のズレを数値化する。図11に示すような、分光反射率が規定された1から15の15種類の試験色を、評価対象の照明光で照明したときの色度座標、および基準光で照明したときの色度座標を算出し、評価対象の照明光下と基準光下での試験色の色差から各試験色の特殊演色評価数（$R_1\sim R_{15}$）を算出する。色差は、CIE 1964均等色空間[1]（$U^*V^*W^*$色空間ともいう）において、von Kriesの色順応理論に基づいて色順応を考慮したうえで算出される。

　試験色1から8の特殊演色評価数の平均値が平均演色評価数であり、一般的に照明器具や光源のカタログ等にそれらの性能値として記載されている。各照明光下での各試験色の色度はCIE 1964均等色

空間上で計算されるが、CIE 1964均等色空間自体はすでに廃止されており、この演色評価数の計算だけに使われている点には注意が必要である。また、基準光としては、対象となる照明光の色温度（または相関色温度）が5,000K未満のときは黒体放射が、5,000K以上のときはCIE昼光が用いられる。ただし、4,600K以上の蛍光ランプが評価対象のときは、基準光はCIE昼光となる。このように、平均演色評価数、特殊演色評価数は、それぞれの照明光と色温度（相関色温度）が等しい基準光との色差を計算して求めるため、色温度（相関色温度）が異なる照明光間で演色評価数を比較することができない点には注意が必要である。

　JIS Z 9112では、表2に示すように、LEDの演色性を普通形、高演色形クラス1、高演色形クラス2、高演色形クラス3、高演色形クラス4の5つに区分しており、それぞれが推奨される用途と満たすべき平均演色評価数R_aの値、特殊演色評価数R_i（$i=9\sim15$）の値を規定している。

　一般的な屋内空間では、高演色形クラス1や高演色形クラス2が推奨されている。美術館などでは高演色形クラス3が推奨されている。高演色形クラス4は、印刷物などの色の比較を行うブースなどのとくに色再現の忠実性が求められる場合に推奨されている。また、JIS Z 9125[11]では、屋内の室や行為ごとに推奨されるR_a値が規定されており、JIS Z 9126[12]では、屋外の場所や行為ごとに推奨されるR_a値が規定されているので、光源を選択する際にはこれらを参照する必要がある。

　ただし、R_a、R_iに関しては、前述したようにすでに廃止されているCIE 1964均等色空間上で色差

[表2] JIS Z 9112で規定されているLEDの演色性区分

演色性の種類	演色評価数の最低値							
	Ra	R9	R10	R11	R12	R13	R14	R15
普通形	60	–	–	–	–	–	–	–
高演色形クラス1	80	–	–	–	–	–	–	–
高演色形クラス2	90	–	–	–	–	–	–	85
高演色形クラス3	95	75	–	–	–	–	–	–
高演色形クラス4	95	85	85	85	85	85	85	85

COLUMN 01-02

有機 EL 照明の特徴を活かすメーキャップ用照明

　メーキャップ用の照明には、顔に影が出ないモデリングと色が忠実に再現される演色性が求められ、拡散光である天空光が一般的に好まれる。

　有機 EL 照明は、蛍光灯や一般のLED 照明に比べて光の拡散や分光分布が天空光に近く、調光調色も可能な人工照明であるため、自然光が導入できない場所でもメークに適した光環境を実現できる照明である。

　有機 EL 照明は、その発光原理はLED 照明と同じだが、白色光をつくる方式が異なる。一般の LED 照明が青色 LED と黄色の蛍光体を組み合わせて白色とするのに対して、有機 EL 照明は RGB の発光層を重ねて白色をつくる。可視光域の波長を比較的均等に含む光にできるため演色性が高く、各発光層の出力を調整すれば光の色を変えることも容易

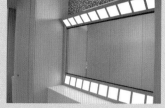

図1　有機 EL キレイメークミラー(左:4,500K、右:2,700K)(JP タワー名古屋 オフィスサポートフロア)

である。そのため、外出先などの目的の場所の色温度や明るさに合わせた光環境をつくることができる。

　また、影が出にくい面発光源であると同時に器具自体がコンパクトであるため、顔のモデリングに配慮し

た照射角度の調整もしやすい。

　紫外線と赤外線を含まない器具もあるため、劣化や変色に考慮が必要な絵画等の美術品の照明としても活用が期待される。　　　　(山崎弘明)

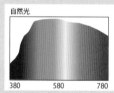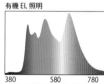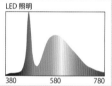

自然光　　　　　有機 EL 照明　　　　　LED 照明

波長 (nm)

図2　分光分布の比較

を計算している点は古くから課題として指摘されていた。また、色差を計算する試験色は 15 種類であり、これが少な過ぎるという意見もあった。そのため、CIE から、正確な科学的用途のための CIE 2017 色忠実度指数が発表された[13]。基本的な考え方、計算フローは平均演色評価数と同様であるが、評価対象の照明光下と基準光下での試験色の色差を算出する際には、CIE 1964 均等色空間よりも知覚される色差を正確に表すことができるとされている最新の均等色空間 CAM02UCS[1] が用いられている。また、試験色としては実測した自然物や人工物の分光反射率を再現する 99 種類が採用されている。基準光の設定も 4,000K 以下の場合には黒体放射が、5,000K 以上の場合には CIE 昼光が用いられ、4,000 ～ 5,000K の場合には黒体放射の分光分布とCIE 昼光の分光分布を合成した分光分布をもつ照明光が基準光として用いられるといった特徴がある。

　このように、CIE2017 色忠実度指数は、色彩科学分野での最新の研究成果を導入した演色性評価方

法ではあるが、青色系の試験色の色差が知覚される色差よりも過大に評価されてしまうなどの指摘もあり[14]、まだ技術的な課題が残っているといえる。このことから、R_a、R_i に替わって照明製品の性能の評価や規格等に用いられるには至っていない。今後、この新しい指標が改良され製品の評価等にも用いられるようになることを期待したい。

1.2.2　鮮やかさ・好ましさの観点での演色性

　鮮やかさの観点での照明光の演色性は、JIS Z 8726 に参考として記載されている色域面積比 (G_a) を用いて表すことができる。色域面積比の計算には、平均演色評価数の算出に用いる試験色 1 ～ 8 の 8 種類の試験色が用いられる。色域面積比の値は、8 種類の試験色を評価対象の照明光で照明したときの色度座標点を結んでできる 8 角形の面積を基準光で照明したときの色度座標点を結んでできる 8 角形の面積で除した値を 100 倍することで求めることができる。各照明光で照明したときの試験色の色

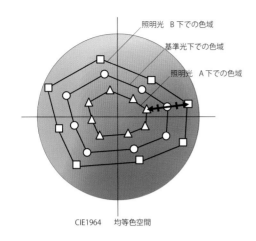

照明光 B 下での色域

基準光下での色域

照明光 A 下での色域

CIE1964 均等色空間

[図12] G_a を算出する8角形の面積

度座標は、平均演色評価数、特殊演色評価数を求める際に用いられるのと同じ CIE 1964 均等色空間上で計算される。この色空間上で、各試験色の色度座標が原点から離れているほど、その色が鮮やかに見えることを意味していることから、8角形の面積が大きいことは各試験色が鮮やかに見えることを意味している。

　図12に示すように、照明光 A と照明光 B とを比較すると、それぞれの試験色の基準光との色差は同じであるが、色域面積は大きく異なる。色差が同じであることは平均演色評価数 R_a が照明光 A と照明光 B とで同じであることを意味するが、色域面積は明らかに照明光 B のほうが大きく、G_a の値も大きい。試験色の色がくすんだほうにずれた場合と鮮やかなほうにずれた場合とで R_a の値が同じになることはあるが、これだけでは色がくすんだほうにずれて R_a が小さくなったのか鮮やかのほうにずれて小さくなったのかは評価できない。R_a と G_a を併用することで、この鮮やかさの観点を加味した演色性が評価できる。ただし、R_a と G_a を組み合わせても、数値上の忠実性や鮮やかさは評価できるが、これらだけでは色相方向の色のズレ(赤が橙方向にずれるか紫方向にずれるかなど)については評価できない。設計時にはこれらの指標を用いて事前に評価を行い製品の候補を絞ったうえで、最終的には、実際の照明状況を目視するなどの確認作業も重要である。第1部で紹介されている「ホキ美術館」(p.50)の照明では、R_a や R_i の値が高くない LED が採用されて

いる。R_a や R_i の値が低くても G_a の値が高く、展示品の色をより鮮やかに見せる LED が、目視実験の結果選ばれた可能性もある。G_a の値が不明な場合など、定量的な演色性の情報が少ないときは目視による確認作業がより重要となる。

　鮮やかさを基にした演色性の評価指標には、色域面積比のほかに、目立ち感に基づく演色性評価指標(FCI：Feeling of Contrast Index)がある [15) 16)]。目立ち感には、色の見えの鮮やかさと輝度とが関係しており、FCI は鮮やかな赤(マンセル表色系[注])で、5R4/12)、黄(5YB/8)、緑(5.5G5/8)、青(4.5PB3.2/6)の4種類の試験色を用いて計算される。4種類の試験色を評価対象の照明光で照明した場合と、基準光である D_{65} 光源で照明した場合のそれぞれの色度を、CIE 1976L*a*b* 色空間上で計算し、評価対象の照明光下での色域面積を基準光下での色域面積で除することで算出される。評価対象の照明光下での色度は、CIE 色順応式を用いて基準光 D_{65} への対応色として計算される。なお、FCI の値が等しければ、輝度が異なっていても目立ち感は等しい。色が鮮やかに見える照明光下では照度が低くても目立ち感が高いが、FCI はそれを定量的に評価できる指標である。

　肌の色の好ましさに基づく照明光の演色性評価指標として、肌色の好ましさ指数(PS：Preference index of Japanese Skin colour)がある [17)]。PS は特殊演色評価数を計算するための試験色 No.15 を評価対象の照明光で照明した場合の色度座標から計算される。試験色 No.15 の x, y 色度座標を CIE 色順応式を用いて標準の光 D_{65} 下での対応色の色度座標に変換し、さらに CIE 1976UCS 色度図上での u', v' 色度座標に変換する。実験により求めたもっとも好ましい日本人の肌色の色度座標 (u', v') =(0.2425, 0.4895)から評価対象の照明光で試験色 15 を照明した場合の色度座標への方向と距離によって PS は計算される。もっとも好ましい色度座標で PS 値は 100 となり、ここから楕円状に離れるほど、PS の値は小さくなる。算出式は次式で表される。

$$PS = 4 \times 5^P$$

注)マンセル表色系：物体の表面の色を色相、明度、彩度の3つの属性で表す方法。色相、明度、／、彩度の順に数値とアルファベットを並べて色を表す。

$$P=446.846+2024 \times u'+145 \times u'^2+8689 \times u'^3-4318 \times v'-8719 \times u' \times v'-16082 \times u'^2 \times v'+12260 \times v'^2+18608 \times u' \times v'^2-12579 \times v'^3$$

1.3 │ 演色性を高めた照明光の事例

1.3.1　忠実性での演色性を高めた照明器具、ランプの事例

　美術館や博物館で用いられる照明には忠実性が求められることが多い。また、印刷物などの色を検査する特殊な環境に用いる照明も、色の忠実性が求められる。

　R_a 値や R_i 値を高くするための代表的な手段としては、人の目で見ることができる波長（380〜780 nm）の範囲で、自然光に近い連続的な分光分布にすることがあげられる。従来使われてきた高演色形の蛍光ランプは、380〜780 nm の全波長域において連続的な分光分布をもつが、LED そのものは狭帯域に発光する特徴があることから工夫が必要である。

　白色 LED にも発光のしくみが異なるいくつかのタイプがある。代表的なものは、赤、緑、青の LED を組み合わせたものと単色の LED に蛍光体を組み合わせたものであるが、LED に蛍光体を組み合わせるタイプは、さらに、青の LED と赤、緑の蛍光体とを組み合わせたものと、紫の LED と赤、緑、青の蛍光体とを組み合わせたものに分けられる。赤、緑、青の LED を組み合わせたタイプでは連続的な分光分布を得ることがむずかしく、高演色な白色照明光を実現するのはむずかしい（ただし、調色してライトアップやイルミネーション等に活用する場合には容易にさまざまな光色を実現できるというメリットがある）。単色の LED に蛍光体を組み合わせたタイプでは、選択する蛍光体の種類によって演色性が異なるが、複数の蛍光体を組み合わせて用いることで比較的容易に連続的な分光分布を実現でき、高演色な白色光を得やすい。紫の LED と蛍光体を組み合わせるタイプでは、広帯域に発光する青色蛍光体を用いることで連続的な分光分布を容易に実現できる。

　なお、紫の LED と赤、緑、青の蛍光体とを組み合わせるなど、連続的な分光分布にすると、一般的に発光効率が低くなる傾向がある。設計対象の空間に合わせ、適切な R_a 値、R_i 値、発光効率の光源を選択することが重要である。

　人工照明のみで高い R_a、R_i を実現するには、上述のように、用いる LED や蛍光体を特殊なものにするなどの工夫が必要であるが、理論的には自然光の R_a、R_i 値は 100 であるため、自然光を照明に活用し人工照明を組み合わせることで高い R_a、R_i を実現することもできる。たとえば、第 1 部で紹介されている、「津市産業・スポーツセンター」（p.42）などは自然光をうまく活用したよい事例である。主たる空間の利用時間が日中に限られる小学校などにおいても、この手法は有効であると考えられる（ただし、窓や光ダクトなどの採光装置の分光透過率や分光反射率によっては、光を活用する空間に光を導入するまでに分光分布が変化し、高い R_a 値や R_i 値が得られない場合もあるので注意が必要）。

1.3.2　照らされたものの色の鮮やかさ、好ましさを高める照明光の事例

　この分野は、近年活発に研究開発されている分野である。たとえば、被験者に種々の照明光で照らされた色票の目立ち感を評価させ、照明光の分光分布から目立ち感を定量化する方法を明らかにした研究[15][16]や、目立ち感を定量化した目立ち指数と植栽の色の好ましさの関係を明らかにした研究がある[18]。これらの研究成果によると、通常用いられている LED から 570 nm 前後の黄色の波長の光を減らし、赤色の波長の光をより長波長にシフトさせることで、照らされている食品や植物の赤や緑が適度に鮮やかに、好ましく見えるとされている。このような研究成果を基に、生鮮食品や街路樹などの植物が鮮やかに好ましく見える照明が開発されている。図 13 にこの照明光の分光分布のイメージを、図 14 に照らされたものの見えの例を示す。

　色の見えの好ましさに関連する研究例として、肌の色を対象としたものがある。被験者に、種々の照明光で照らされた日本人女性の頬の色の好ましさを主観評価させ、もっとも好ましい色度点を検討したところ、肌の色の黄色を減らし少し赤みを帯びた色が好ましく見えることが示された[17]。この研究成果を活用し、通常用いられている LED から 570 nm 前後の黄色の波長の光を減らしたものが開発されている。図 15 にこのような照明光で照明さ

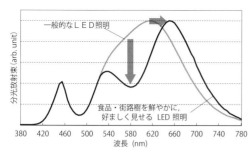

[図13]食品・街路樹を好ましく見せる照明光の分光分布例(イメージ)

一般的な LED　　　　　「彩光色」LED

一般的な LED　　　　　「彩光色」LED

[図14] 色を鮮やかに見せる照明光で照らされた食料、樹木の例

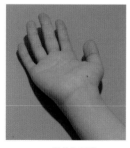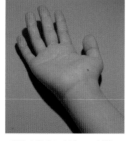

一般的な LED　　　　肌色を好ましく見せる LED

[図 15] 肌の色を好ましく見せる照明光で照らされた肌の色

れた肌の色の一例を示す。コラムで紹介されているメーキャップ用の照明も同様の目的で開発されたもので、これらの照明は物販店やクリニック、レストラン、住宅などでも好んで用いられている。

　LED が照明用光源の主流になるにつれて、鮮や

かさや好ましさなどの忠実性以外の観点での演色性評価方法、評価指標に対する関心が高まっており、CIE でも活発な議論（たとえば TC1-91）が進められている。今後さらに、設計する空間の意図に合わせて必要な演色性の側面（忠実性、鮮やかさ、好ましさ等々）を見極め、発光効率にも着目し適切な指標を用いて光源・照明器具を複合的に評価する方法が求められ、新しく提案もされていくと考えられる。ただ、現時点ではいくつかの評価指標を組み合わせて用いても、対象物の色の見えを完全に予測することはむずかしい場合もある。色の見えが非常に重要な場面では、いくつかの演色性評価指標を組み合わせて机上で評価することに加え、実験室や現場において目視により確認・検証することも重要である。

（向 健二）

参考文献

1）CIE：Colorimetry 4th Edition, CIE 015 (2018)
2）日本産業規格、JIS Z 8725、光源の分布温度及び色温度・相関色温度の測定方法 (2015)
3）日本産業規格、JIS Z 9112、蛍光ランプ・LED の光源色及び演色性による区分 (2019)
4）Kruithof：Tubular Luminescence Lamps for General Illumination, Philips Technical Review, 6, pp.65-96 (1941)
5）中村：Kruithof のカーブは正しいか？、照明学会誌、85-9、pp.793-795 (2001)
6）von Kries, J.：Die Gesichtsempfindungen, Handbuch der Physiologie des Menschen, pp.109-282 (1905)
7）栗木一郎：色恒常性の神経計算理論、光学、28-5、pp.232-241 (1999)
8）CIE：A method of predicting corresponding colours under different chromatic and illuminance adaptations, CIE 109 (1994)
9）池田：照明認識視空間の照明設計への応用（その1）、照明学会誌、83-12、pp.913-916 (1999)
10）日本産業規格、JIS Z 8726、光源の演色性評価方法 (1990)
11）日本産業規格、JIS Z 9125、屋内作業場の照明基準 (2007)
12）日本産業規格、JIS Z 9126、屋外作業場の照明基準 (2010)
13）CIE：CIE 2017 Colour Fidelity Index for Accurate Scientific Use, CIE 224 (2017)
14）Mukai, K.：Relationship between Colour Rendering Indices and Subjective Colour Differences, Proceedings of 29th CIE Session Washington DC, Volume1-Part2, pp.980-989 (2019)
15）橋本、矢野、納谷：目立ち指数の実用化式の提案、照学誌、84-11、pp.843-849 (2000)
16）Hashimoto, K. et al：New Method for Specifying Color-Rendering Properties of Light Sources Based on Feeling of Contrast, Color Res. Appl., 32-5, pp.361-371 (2007)
17）矢野、橋本：照明光下での日本人女性の肌色に対する好ましさの評価方法、照学誌、82-11、pp.895-901 (1998)
18）槻谷、斎藤：植栽の色を好ましく見せる照明、平成25年度照明学会全国大会講演論文集、8-39 (2013)

2章

視認性

2.1 | 視認性とは

　視認性とは、文字どおり「視て認識できる程度」のことをさす。視認性の善し悪しは、「視たい対象」（視対象）とその周囲（背景）との明暗の違い、または色の違いが十分あるか否かが、まずは重要である。視対象と背景の明るさの高低を表現するにあたり、「輝度」という測光量を用いる。

　図1は、照明環境を設計するにあたり基本となる測光量を示したものである。視対象と背景の明暗の違いは、視対象と背景の輝度対比で表現されることが一般的であり、この比が十分大きければ、定性的には視認性が確保できているといえる。ちなみに反射面から目に届く輝度は、反射面に入射する照度とその面の反射率からおおよそ算定でき、均一に照らされている面であれば、視対象と背景の反射率の違いを大きくすることでも視認性の確保はできる。なお色の違いがある場合については、より専門的となるため本書ではくわしく述べないが、1章で紹介されている色差を併せて考慮することで評価が可能となる。

2.2 | 視力と見えやすさ

　視認性がどういった要因で変化するのかを"定量的に"考えるにあたり、一般的になじみのある視力から考えてみる。視力検査によく用いられるランドルト環について、その大きさと輝度を図2のように定義しておく。視力はランドルト環の切り欠きの方向が、ぎりぎり判別できる最小のサイズ（S_t[分]）により定義される。通常の視力検査では、背景輝度と背景と対象の輝度対比 $C(=|L_t - L_b|/ L_b)$ は決められているが、この背景輝度と輝度対比を意図的に変化させた場合の視力は、図3のようになる。つまり視対象の置かれている明るさ（順応輝度）が高いほど視力はよく、また視対象と背景との輝度対比が大きいほど視力はよくなる。

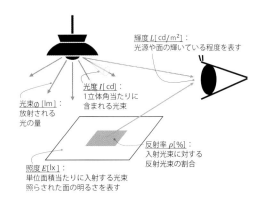

光束 ϕ[lm]：放射される光の量

光度 I[cd]：1立体角当たりに含まれる光束

輝度 L[cd/m^2]：光源や面の輝いている程度を表す

反射率 ρ[%]：入射光束に対する反射光束の割合

照度 E[lx]：単位面積当たりに入射する光束 照らされた面の明るさを表す

[図1] 基本的な測光量

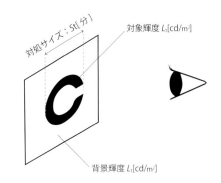

対処サイズ：S_t[分]

対象輝度 L_t[cd/m^2]

背景輝度 L_b[cd/m^2]

[図2] 視力の定義

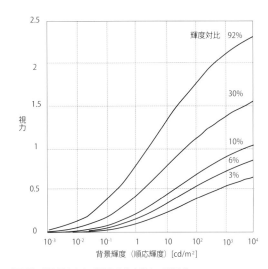

[図3] 背景輝度および輝度対比と視力の関係[1)]

視力は「見える／見えない」の境界をとらえたものであるが、実際の光環境の設計においては、見たいものが十分見えやすいことが求められる。つまり見えている対象がどの程度「見えやすい／見えにくい」のかの程度を把握することのほうが重要である。この見えやすさの程度を定量的に評価する方法はいくつか提案されているが、基本的には「明視三要素」と呼ばれる、視対象のサイズ、視対象の背景輝度（順応輝度）、視対象とその背景との輝度対比によって算定される。

これら3つの要素は、光環境が空間的にも時間的にも変化を生じない場合において視認性に影響を与えるものであるが、たとえば明るさが空間の部位や時間によって変化するような環境においては、空間的および時間的な光環境の変化も視認性に影響を与える要素となる。

目的や用途に応じた視認性を確保するためには、視対象のサイズ、視対象の背景輝度、視対象とその背景との輝度対比の3点について、空間・時間変化の特性を含めて調整すればよいことになる。しかし実際の光環境では、視対象と背景がそれぞれ1つずつあるのではなく、さまざまな視対象と背景領域が混在しているわけであるから、どのような観点で調整していくのかにより、設計の良し悪しが大きく変わってくる。以降では、設計に役立つ観点をいくつかあげて整理した。

2.3│文章の読みやすさ・視認性の評価指標

オフィスなどのおもに視作業が重要視される室の照明設計においては、印刷された文章や、ディスプレイ上の文章の読みやすさを確保する必要がある。

まず印刷された文章の読みやすさに関して、作業面の照度と文字サイズとの関係で示したものが図4である。この図は、明朝体で印刷された漢字かな交じりの文章を紙面から40 cm離れて読む場合において、「読む環境としてちょうどよい明るさ（作業面照度）」の範囲と、紙面の文字が「ふつうに読める」ために必要な文字サイズと作業面照度の関係を示したものである。

ではこのデータを照明設計に活用するにはどう考えればよいか。通常のオフィスの照明設計であれば、紙面の文字が「ふつうに読める」か否かの判断基準

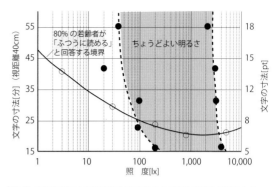

[図4] 作業面照度と文字の読みやすさおよび読む環境の適切さとの関係[2]
文字と背景の輝度対比が0.96の場合。右軸は文字サイズをポイント数で示しており、これを40 cmの距離で観察した場合のサイズを[分]で換算した値が左軸で示されている

よりも、「読む環境としてちょうどよい明るさ」か否かの判断基準に基づき設計したほうが汎用的であろう。通常、読む対象の文字サイズまで設計側で考慮できないわけであるから、文字サイズの違いによらず、あまり変化のない「読む環境としてちょうどよい明るさ」の範囲を優先して考慮しよう、となるわけである。一方で、読んでもらいたい文字のサイズが決まっている場合で、なんらかの理由でなるべく照度を下げたい場合は、「ふつうに読める」の範囲を考慮して設計することもあろう。たとえば屋外のサイン計画のような話である。ただしここで引用しているデータは、屋内で均一な照明環境に制御した状況下で得られているものであることに留意しなければならない。設計根拠とするデータが得られた前提条件を確認し、実際に設計する案件に適用可能であるか否かは、設計者の責任で判断すべきことである。

このデータのほかにも、読みやすさの要求水準を設定（「やっと読める」、「苦労せずに読める」、「非常に読みやすい」など）した場合に、上記であげた明視三要素がどういう条件を満たす必要があるかを検討したデータ[3]や、読みやすさの評価関数[4]としてまとめた知見があり、設計で求められる条件に応じて活用することができる。

ここまでで紹介した知見は、基礎的な知見を得ることを優先して計画されたものであるため、おおよそ均一な背景に対して提示された文章の読みやすさを評価したものである。しかし実際の環境では、視

対象と均一背景のみで構成される環境はほとんどなく、通常背景は複雑な輝度分布を有している。以下では、実環境下での読みやすさや視認性の評価方法を検討した内容を紹介することで、基礎的な知見をどのように活用していくかについて考えてみたい。

オフィスの実際の環境を考えると、昼光が入ってきている環境において、ディスプレイ上の文字の読みやすさの確保が重要となる。つぎに紹介する知見は、窓面の大きさを図5のように2種類設定し、窓面の輝度、室内照明の強度を変えて、机上のディスプレイに表示された文章の読みやすさを検討したものである。このとき、ディスプレイと文字の輝度は、上記の知見[3]に基づき、「苦労せずに読める」に相当するように設定されている。

図6は、窓面に正対する向きで評価した場合と、窓面から90°回転して壁面に正対する向きで評価した場合の、ディスプレイ上の文章の読みやすさの変化を示したものである。この図からは、少なくともデータ取得のために設定した条件の範囲内において、

窓面サイズ、窓面輝度、室内照明の強度および窓面とディスプレイの位置関係によらず、読みやすさはほぼ変化せず、「苦労せずに読める」の評価のままであることがわかる。つまり、ディスプレイ上の文章の読みやすさは、ディスプレイ周囲の状況の違いによらず、ディスプレイ上だけの明視三要素によって評価できる、ということがこのデータの解釈となる。

住宅用照明への活用例としては、照明光の色みを変えることで、紙面の文字の読みやすさを改善する試みがある（COLUMN 02-01 参照）。これは、照明光の分光分布を調整し、紙面をより白く感じさせることで、視認性の向上をねらったものである。

つぎに、文章に限らず、より汎用的に視認性を評価したいと考えた場合、視野の輝度分布データを活用する手法が近年提案[6]されている。図7上のような複雑な輝度分布を有しているシーンに対して、視認性を推定したものが図7下の画像である。この手法は、輝度の空間的な変化について周波数解析を行い、周波数帯ごとに変換係数をかけて再合成を

［図5］オフィスにおけるディスプレイ上の文章の読みやすさ実験のようす[5]

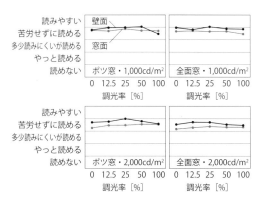

［図6］ディスプレイ上の文章の読みやすさの評価結果[5]
窓サイズ（ポツ窓、全面窓）、窓面輝度（1,000、2,000[cd/m²]）ごとに読みやすさ評価結果を示す。図の横軸は室内照明の調光率である

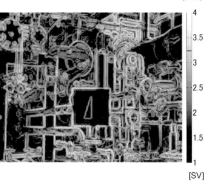

［図7］複雑な輝度分布を有するシーンに対する視認性評価[6]
上図：視認性の評価対象となる輝度分布データ。下図：輝度分布データから視認性に変換した画像。明るい部分ほど視認性（SV：Subjective Visibility）が高い

COLUMN 02-01

文字をくっきり見せる照明

白いものをより白く見せる照明光によって、白い紙に印刷された文字をくっきりと見やすくする研究、そのような研究に基づいて開発された照明器具がある。紙に印刷された文字の見やすさなどの視認性は、対象となる文字の背景である紙面の輝度、紙面と文字のコントラスト、文字の大きさの3つの要素で決まることが知られている[1,2]。また、紙面の白さ感は紙の分光反射率、照明光の分光分布と照度によって決まり[3]、一般的な白色コピー用紙の白さ感は、相関色温度が6,200K前後のときに高くなる。紙面の白さ感が高いほど、紙面と文字のコントラスト感が高まり文字が読みやすいとの仮説に基づき、文字がくっきり見やすい住宅照明が開発された。開発された照明は、通常の住宅照明で使われているLEDより相関色温度が高い6,200Kの光を照射する。この6,200Kの光によって紙面が白く見え、印刷された黒い文字のコントラスト感が高まることで文字が読みやすいという効果が得られる[4]。　　　　（向 健二）

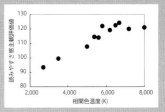

照明光の光色と文字の読みやすさ感の関係

文字くっきり光で照明された印刷物のイメージ（パナソニック提供）

1) 中根、伊藤：明視照明のための標準等視力曲線に関する研究、日本建築学会論文報告集、第229号、pp.101-109 (1975)
2) 佐藤、伊藤、中根：見やすさに基づく明視照明設計に関する研究、照明学会誌、第64巻第10号、pp.541-548 (1980)
3) Mukai, Takeuchi, Ayama and Kanaya：An objective method for quantifying whiteness perception by applying CIECAM97s, Proceedings of SPIE Vol.4421, The 9th Congress of the International Colour Association, pp.603-606, 2001
4) 松林他：居室における光色と文字の読みやすさに関する研究、平成28年度照明学会全国大会講演論文集、6-11 (2016)

行うものである。これは人間の視覚系の情報処理過程において、多重チャンネルモデルを想定することで、視認性の違いを説明できるとした過去の知見[7]とも整合する。この手法の優位な点のひとつは、輝度分布が得られているシーン全体に対して、視認性のチェックができる点であろう。設計意図に反して、見えにくい箇所がないかといった検討に有効である。なお輝度分布データは、Radiance等に代表される光環境シミュレーションソフトを活用すれば設計段階での輝度分布を取得でき、一方、デジタルカメラ等を利用した画像測光技術[8]を用いれば出来上がった実環境に対する輝度分布を取得できる。

2.4 ｜ 明るさ変化と視認性

ここまでは視対象と背景の輝度があまり変化しない、静的な環境に対して、視認性の変化する要因と設計への反映の考え方を示してきた。つぎに、視対象や背景の輝度が時間的に大きく異なる場合の考え方について検討したい。

人間の視覚系は、照度でいうと100,000 lx程度の直射日光があたる光環境から、0.01 lx程度の新月の夜の光環境まで、実に8桁のダイナミックレンジをもったシステムである。しかしさすがにここまで広帯域での感度を同時に確保はできないが、人間の視覚系は視ている光環境の明るさに目の感度を調整する、つまり「順応」することで、さまざまな明るさの環境下で視認することができる。

ここで問題となるのは、この順応にはいくらかの時間がかかるということである。とくに明るい環境から暗い環境へ移動した場合により顕著である。晴天の屋外から、急に建物内に入った場合、屋内のさまざまなものが見えにくい瞬間があることは、だれしも経験のあることだろう。

図8は暗い環境へ順応（暗順応）するために必要な時間を示したものである。この図は、もっとも極端な明るさの変化（十分に明るい状態から、真っ暗な状態に変化させた場合）が横軸の時間0のタイミングで起こったとして、その後の経過時間に応じて、視認できる最低限の明るさを縦軸で示している。図中のカーブをよく見てみると、反比例の曲線が2つ重なったような形状をしている。これは網膜上の光受容器である視細胞が大きく分けて、錐体と桿体

の2種類備わっていることに起因する。図8で、2つのカーブが重なったような形状をしているのは、錐体と桿体で順応にかかる時間と、感度の最大値が異なるからである。錐体は明るい光環境下（明所視という。照度でいうとおおむね1 lx以上）でおもに働き、桿体は暗い環境下（暗所視という。おおむね0.1 lx以下）でおもに働く。

　明所視および暗所視において、光の波長に対する感度の特性は図9のとおりである。また明所視と暗所視の中間の明るさレンジにおいては、薄明視と呼ばれる領域がある。薄明視の環境下においては、順応している明るさに応じて、明所視と暗所視の感度を合成した感度特性となる。

　光環境の設計の話に戻そう。前述の晴天の屋外から室内へ入る場合、室内の明るさは通常明所視レベルであるから、錐体の感度変化を踏まえた光環境の計画・設計が重要となる。一方、プラネタリウムなど、より暗い環境に対する光環境の計画・設計は、薄明視・暗所視レベルの明るさにする必要があるため、桿体の感度変化を考慮する必要が生じる。ショーのプログラムで日没から徐々に暗くしていくことは、演出の意味でも、人間の目の特性を考えても大切であろう。

　では、個々の案件の計画・設計において、明るさの変化をどの程度にすべきか。光環境の変化の様相は案件ごとに千変万化であり、これをひとくくりに説明するには無理がある。だが人間の視覚は上記のような時間的な基本特性をもっていることを理解しておくと、設計の考え方を整理することには十分役に立つであろう。

　実際の建築プロジェクトへの応用を考えると、たとえば「上越市立水族館　うみがたり」（p.62）では、展示順路を徐々に海の中へ潜っていくよう、明るさのシークエンスをつくり出しているが、演出と同時に人間の視認性の変化にも配慮した計画といえる。

　ほかにも、「津市産業・スポーツセンター」（p.42）において、瞬時に視対象を判別しなければならない競技施設（体育館）へ昼光を導入するにあたっては、視認性を確保するために昼光の変動による競技場内の明るさの変動をどの程度に抑えるべきかの検討を併せて行っている。また、球技を行う場

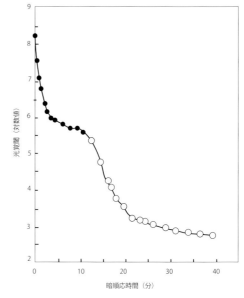

[図8] 暗順応曲線 9)

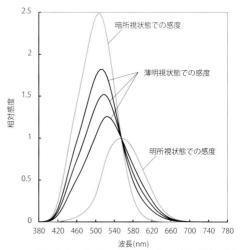

明所視、暗所視、薄明視のそれぞれの状態での波長に対する感度
（明所視での感度のピークを1としたとき）

[図9] 明所視・薄明視・暗所視での目の感度特性 10)

合などではフロア付近での視認性の確保だけでなく、フロアからある程度の高さにおいても、視認性の変化が生じない照明計画が必要となる。この体育館では、室内照明の配光と配置間隔を検討することで、一定の高さにおいても視認性が変化しないよう計画している。

　また夜間街路の照明計画に有効な照明設備の開発も行われている（COLUMN 02-02 参照）。これは照明光の色を調整することで、薄明視環境下で視認

薄明視で明るく見える照明

薄明視状態で視対象が見やすい防犯照明に関する研究・開発も進められている。錐体の感度のピークは555 nm、桿体の感度のピークは507 nmであり、桿体が機能している暗所視状態では、短波長の成分が多い青っぽい光が明るく感じられる。

一般的な住宅街の夜の環境は、明所視と暗所視の中間となる薄明視の視環境となることが多く、この薄明視状態においては、錐体の反応のピークである555 nmと桿体の反応のピークである507 nmの間の波長の光にもっとも強く反応する。

このような人間の目の感度特性に着目して、薄明視状態で視対象が見やすい防犯照明が開発された。開発された防犯照明は、通常の防犯照明に用いられているLEDより短波長の光の成分を多く含んでおり、照ら

一般的なLED　　　薄明視状態で明るく見えるLED
薄明視状態で明るく見えるLEDで照明された夜間の街路空間
（パナソニック提供）

されている視対象が薄明視状態でより明るく見え、対象物がはっきり見えるという効果が得られる[1]。

（向 健二）

1) 白倉、明石、斎藤「街路照明が分光特性が空間の明るさに及ぼす影響」、照明学会誌、第96巻第5号、pp.259-271 (2012)

性が低下しないよう配慮した器具である。

2.5 | 個人の視覚特性と視認性

視覚は個人差が生じやすい感覚のひとつである。しかしその差の生じ方は一定の方向性をもっていることがほとんどであり、この性質を読み解くことが光環境の設計につながることになる。

もっとも身近な個人差の生じる要因として、加齢に伴う視覚特性の変化があげられる。まずは調節近点の遠方への移動、いわゆる老眼である。10代であれば目から10 cm未満の視距離で観察したとしても、十分に視対象にピントを合わせることができるが、40代あたりにもなると20〜30 cmの距離が必要になり、50代60代ではさらに延びて50 cm以上の距離が必要になってくる。ほかには視力も加齢に伴い変化する。図10は複数の順応輝度において、年齢と視力の関係を示したものである。50代以降視力の低下が顕著となる。

この原因のひとつとして、目の中のレンズである水晶体が、加齢に伴い白濁化する白内障の進行があげられる。白内障は、いわば乳白のすりガラス越しに世界を観察しているようなものであり、その変化の概要は図11に示すとおりである。水晶体がクリアな状態（図11上）では、網膜上に外界の像がクリアに投影される。一方、白濁した水晶体（図11下）では、目に入射した光が水晶体内で散乱されることで、その散乱光（光幕輝度という）が網膜上の視対象の像に重なり、視対象と背景との輝度対比が低下し、視認性が低下する。ここで光幕輝度の大小は、目に届く光の総量と、水晶体等における散乱の度合いとの積に比例して決まる。したがって、白内障がそれほど進行していなくても（つまり若齢者でも）、目に届く光の総量が大きくなると光幕輝度は増加する。このことから、高齢者のみならず、視対象以外の光量をなるべく増加させないような照明計画が重要となる。

また時間的な特性としても、図12に示すように暗順応に必要な時間は加齢とともに増大し、たとえば20代であれば5分ほどの順応で知覚できる光量に対して、60代では2倍の10分程度の順応時間が必要であることが図より読み取れる。

ここで紹介している値は、多くの被験者に対する観察から得られた平均的な値である。多くの人が使う環境であれば、こういう値を参考にして光環境を設計するという考え方ができる。一方で個人の視覚特性にフィットさせた、パーソナルな視環境を提供するという設計の考え方もある。加齢に伴う視覚特性の変化の程度は個人差があるため、住宅や病室など使う人が限定できる場合は、よりきめ細やかな対応も可能であろう。

実際の光環境設計への応用例として、高齢者対応の試着室が開発[12]されている。これは白内障の進行により輝度対比の減少のみではなく、色彩の鮮やかさの減少が生じることを考慮し、視対象である試着した衣服の鮮やかさを確保するために、衣服にのみ照明光を照射するように試着室の照明配光を工夫し、かつ余分な光幕輝度を発生させないよう、試着室の内装を反射率の低い面で構成したものである。

視覚特性の個人差が生じる要因として、ほかには色覚の個人差がある。人間の色覚は、光の波長に対する感度が異なる3種類の錐体が、網膜上に備わっていることによって生じる感覚である。錐体には、それぞれ長波長（560 nm付近）に感度のピークをもつL錐体、中波長（540 nm付近）に感度のピークをもつM錐体、短波長（440 nm付近）に感度のピークをもつS錐体がある。多くの人は、これら3種類の錐体を備えている（三色型色覚者という）が、遺伝的な理由等により、3種類のうちの1つの錐体の感度特性が異なる人（異常三色型色覚者という）、あるいは1つの錐体を備えていない人（二色型色覚者という）、また1種類の視細胞しか備えていない人（一色型色覚者という）が一定の割合で存在する。異常三色型および二色型色覚者は、3種類の錐体のうちのどの錐体に異常があるかによって、第一色覚（L錐体に異常）、第二色覚（M錐体に異常）、第三色覚（S錐体に異常）と分類される。

図13は二色型色覚者において色の見分けができない色同士をxy色度図上に直線で結んで表示したものである。これを混同色線という。図は上から順に、第一色覚者、第二色覚者、第三色覚者の混同色線を表示したものである。具体的にどのような色が見分けられないかというと、たとえば、第二色覚者の図において、(x, y) = (0.6, 0.3)付近の赤色と、(x, y) = (0.4, 0.4)付近の淡い黄色、(x, y) = (0.2, 0.7)付近のシアンの見分けがつかず、すべて淡い黄色と知覚される。

異常三色型色覚者の場合は、二色型色覚者のように混同色線上のすべての色が同じと知覚されるわけではなく、混同色線と平行な方向の一定の範囲の色に対する見分けがむずかしくなる。混同する色の範

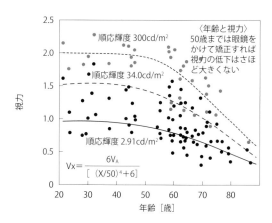

[図10] 加齢に伴う近距離視力の変化[11]

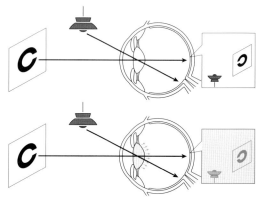

[図11] 水晶体の状態と網膜像の関係

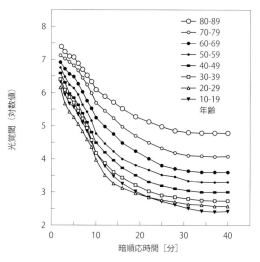

[図12] 年齢と暗順応特性の関係[9]

囲は個人差があり、正確に判定するためには、アノマロスコープといった検査機器を用いる必要がある。

光環境の設計という観点からは、たとえば公共の空間でさまざまな色覚タイプの人がいることを考慮した場合のサイン計画においては、色の違いではなく、輝度の違いを考慮した配色とすること、同一の混同色線上の色を並べて配色しないことが基本的な考え方となる。

近年では、さまざまな色覚タイプの人における色の見え方を簡易的に模擬し確認するツールとして、スマートフォンやPCを用いた画像変換によるシミュレーションソフトウェアがいくつか提供されており、設計を行う際の参考として活用することができる。さまざまな視覚特性の人にとって、なるべく負担のかからないような空間を設計した実例としては、前半でも紹介されている「神戸市アイセンター・ビジョンパーク」（p.34）がある。ここでは、サイン部分への局所的な照明によってコントラストを高めることで視認性を高める工夫や、家具の大きさや配置、配色の工夫により動線を把握しやすい計画としている。　　　　　　　　　（山口秀樹）

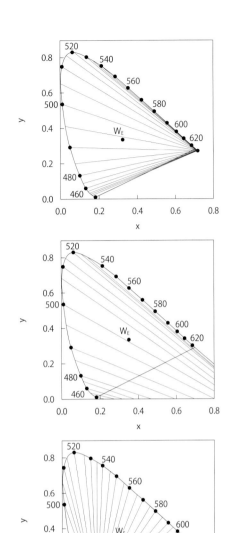

[図13] 二色型色覚者の混同色線 [12]
上からそれぞれ第一色覚者、第二色覚者、第三色覚者の混同色線を
xy色度図上に示している。

参考文献

1) 池田鉱一、野口貢次、山口昌一郎：ランドルト環視標の輝度対比および順応輝度と視力との関係、照明学会誌、67-10, pp.527-533（1983）

2) Inoue, Y. and Akitsuki, Y.：The Optimal Illuminance for Reading？Effects of Age and Visual Acuity on Legibility and Brightness, J. Light & Vis. Env. 22-1, pp.23-33（1998）

3) 原直也、佐藤隆二：文章の読みやすさについての多様な設計水準に対応する明視三要素条件を示す「等読みやすさ曲面」、日本建築学会環境系論文集、575, pp.15-20（2004）

4) 岩井彌、岡嶋克典：正対比文字で構成された文章に対する読みやすさ評価関数、照明学会誌、88-11, pp.874-881（2004）

5) 大塚俊裕、他：昼光利用における窓面と壁面の好ましい輝度対比に関する研究 - その6 視線方向とディスプレイの有無の影響 -、日本建築学会大会学術講演梗概集（中国）pp.549-550（2017）

6) 中村芳樹、島崎航、岩本朋子：輝度画像を用いた視認性評価法 -LED表示や3次元物体にも適用可能な汎用的視認性評価法 -、照明学会誌、94-2, pp.100-107（2010）

7) Campbell, F. W. and Robson, J. G.：Application of Fourier analysis to the visibility of gratings, Journal of Physiology, 197, pp.551-566（1968）

8) 山口秀樹：画像測光システムの概要と活用の留意点、照明学会誌、103-12, pp.507-510（2019）

9) 池田光男、池田幾子：目の老いを考える、平凡社（1995）

10) 佐川賢：照明レベルと視覚、照明学会誌、77-5, pp.764-765（1993）

11) 新時代の照明環境研究調査委員会：新時代に適合する照明環境の要件に関する調査研究報告書、照明学会（1985）

12) https://www.g-mark.org/award/describe/31848?token= UCojEaDDJS

13) 篠田博之、藤枝一郎：色彩光学入門、森北出版株式会社（2007）

3章

眺望性・開放感

3.1 | 本章について

　眺望性・開放感とタイトルを設定したが、この項目の重要性については多くの研究がなされているものの、定量的な指標等の提案へつながるものが少なく、筆者の知見を中心に、窓に関連する項目について論じていくこととする。少々第2部の他章とスタイルは異なるが、ご容赦願いたい。

3.2 | 窓の価値が揺らいでいる

　われわれ人間は自然の一部であり、その恩恵を必要としながらも、外界でずっと過ごすのには弱く、建築というハコに守られて生きている。外界の影響をどれだけ受け入れるか調整するのが窓であり、気候や地域の特性、社会的な要求、構造的制約などとバランスを取りながら、われわれに適度な環境を与えてくれる大切な存在である。

　しかしながら、ハコをつくり維持するために排出する CO_2 が問題視されるようになったころから、徐々に窓は肩身が狭くなっていった。最初こそは、昼光を積極的に採り入れ、人工照明の消費電力を下げることが是だといわれ、1990年代までの景気のよさとも連動し、大規模でコストの掛かる装置が検討されたものの、標準装備として導入されていくようなブームは起こらなかった。それどころか、高効率の蛍光灯、LEDと省エネルギーの光源が開発され、窓は熱と光のトレードオフの関係との認識が強くなるにつれて、昼光を無理して取り込む必要はないという空気感が漂い、ついには、窓は小さいほどよいとなりかけた。

　図1に示す2013年6月25日の記事には、アメリカの "Standard for the Design of High-Performance Green Buildings Except Low-Rise Residential Buildings"（低層住宅を除く高性能グリーンビルのための基準）において、中小規模建築のWWR（window wall ratio の略。壁面に対する窓の割合で、日本に

[図1] アメリカ省エネ基準見直しによるWWR引き下げにガラス業界等が反対意向との記事 HP
https://www.usglassmag.com/2013/06/industry-stands-strong-tells-ashrae-do-not-limit-wwr-but-ashrae-delays-action/（2020/5/31 参照）

おける開口率とは意味が異なる）が2012年版にNot Ratedから40％以下と定められたにもかかわらず、2015年の改正へ向けて30％以下へとさらなる引き下げが議論され、それに対するガラス業界やサッシのアルミ業界から反対する意向が申し入れられた旨が記載されている。結論からいうと30％となることはなかったが、窓を小さくするほど省エネルギーだという理由で、窓のさまざまな効能をなかったように扱われているような状況があった。

　もちろん、日本においても窓の価値が脅かされるような規制緩和が行われてきた。時期はアメリカの事例と前後するが、1999年の建築基準法改正（2000年施行）によって、技術開発の進展などに対応した規制項目の見直しという理由で、日照規定（建築基準法第29条（当時））が廃止、採光規定（建築基準法第28条（当時））が緩和された。実は、採光規定も廃止されかねなかったが、建築学会

として意見書「現行の採光規定に対する意見」を建設省（現国土交通省）に提出し廃止に反対したことで、緩和だけで済んだ経緯がある。アメリカのように、「小さいほどよい」ということにはならなかったが、「小さくてもよい」（地下室が居室にできるようになったことから考えると、「なくてもよい」ともとれるが……）という程度には窓の存在価値が低下したのだ。

その後、アメリカでは省エネ至上主義への反動からか、WELL Building Standard（通称 WELL 認証）が 2014 年に開発されるなど、ハコ利用者の心身ともの健康という観点にも目が向けられ、Human Centric Design（ヒューマンセントリックデザイン）という言葉を日本でも耳にするようになり、ようやく正常な軌道に戻り始めた気配を感じるものの、ハコの価値を省エネルギー性能でばかりアピールする建築は後を絶たない。もちろん、省エネルギーが悪いといいたいわけではない。今の時代におけるその重要性は十二分に理解しているし、その努力には大きな価値がある。ただし、窓を決める要素として、省エネルギーは必要条件ではあっても、十分条件ではないという当たり前のことを忘れないでほしいのだ。

規制緩和は、よくとらえれば建築の表現の幅を広げる面もあるが、一方で、広がった幅の中で何を選ぶかが設計者に委ねられることになる。窓を適切に計画する力は、バランス感覚がとても求められるものである。数値で目に見えるものは目標にしやすく、達成の程度もわかりやすく、クリアしたときに満足感を得やすい。しかしながら、内在者の快適性が伴わなければ、設計者の自己満足に帰結する残念なハコとなってしまう。

少し前書きが長くなったが、このような観点から、本章ではハコの中にいる者（内在者）の快適性を高める窓の役割を整理するとともに、各要素の選択性を向上させるため生まれているさまざまな技術について紹介していきたい。

3.3｜窓がもたらす「快適性」とは

光・視環境の観点から考える窓という調整装置が担う役割は、3 つに大別できる。1 つ目は、視作業などの「機能性」の維持である。たとえば、物を見るために必要な採光量が得られているか、グレアなどで視認性が低下させられていないか、ということである。詳細については、2 章「視認性」と 4 章「グレアの制御」を参考にしてほしいが、これらは設計上必ず満たす必要のある項目である。

2 つ目は、「生理的」な影響である。詳細は 6 章を参照してもらうこととするが、紫外線を浴びることによる骨の育成や、サーカディアン・リズムを整えるといった項目である。

そして、3 つ目が本章で扱っていきたい「心理的」な効果である。眺望によって得られる開放感などがこれにあたる。

いずれも、内在者の「快適性」を高めることに寄与するが、実は「快適性」の意味が少々異なる。

まず、1 つ目に示した「機能性」を満たすことでうまれる「快適性」は、英語表現でいう「Comfort」と対応するもので、不快でない状況をさす。2 つ目の生理的な影響は単純な快不快の感情を直接的には伴わないので、少し脇へ置くが、3 つ目に示した「心理的」な効果による快適性は、英語表現でいう「Pleasantness」にあたる積極的な快適性である。

この文章を書いていて思い出したが、ある空調の専門家が、「設備設計は、一番悪いときを想像し、その状況が起こらないことを設計の目標とするのに対し、意匠設計は、よい状況を想像し、それが特定の時間だけだとしても、その体験を生み出そうとする」といった趣旨のことを語っていたことがあった。おそらく、前者が「Comfort」で後者が「Pleasantness」をさしているだろう。当時、同じ環境工学分野ながら、とらえ方の違いに驚いたことを覚えているが、光・視環境においては「Comfort」と「Pleasantness」の両立こそが醍醐味であり、どちらかという話にはならない。

想像してみてほしい。視作業を行う場として、窓もなく昼光の変動はなく、人工照明のグレアも感じず、手暗がりもできず、均一かつ適度に明るい真っ白な空間がある。完璧に不快要素が除かれ、機能性は高く、さらには内装反射率も高ければ少ない光束でよいので、省エネルギー性も高いであろう。さて、この空間に長時間滞在して居心地がよいと感じる人がどれだけいるだろう。悪いところをなくして、なくして、なくしつくして精一杯つくった空間なのに、

内在者の顔はゆがみこそしないが、笑顔にはならない。一方で、この部屋に一輪の花を置いてみたらどうだろう。視作業にはまったく寄与しないうえに、コストが掛かるし、水を替える手間も掛かる。合理的に考えれば必要のないものだ。しかし、ふっとした瞬間に人を微笑ませてくれる力がそこにはあるのではないだろうか。

　光・視環境を設計する人間は、機能を満たす技術をもち、一輪の花の価値を説明されなくても理解でき、内在者の笑顔を思い浮かべられる感性が必要なのである。そして、窓とは、一輪の花を意味する代表格的な存在である。

3.4 | 窓がもたらす影響の選択性向上の歴史

　窓はさまざまなものを室内外に行き来させる。一輪の花となる要素だけ取り込むことができればよいのだが、そう簡単にはいかない。窓を介して出入りするものを表1にまとめると、大別してエネルギー、物質・物体、情報の3つに分けることができる。当然、ただ単に壁に穴を開けただけでは、それらの侵入や流出をコントロールすることはできないわけで、さまざまな工夫が必要となる。

[表1] 窓を出入りするもの

	通過するもの
エネルギー	光、熱、音
物質・物体	空気、粉塵、花粉、菌、生物 等
情報	視覚、聴覚、嗅覚 等

　日本における窓の歴史は、これらの要素を個別にコントロールする手法を探り、選択性向上のためのさまざまな工夫を積み重ねてきた。

　そもそも、日本の窓は「間戸（マド）」であるという話を聞いたことがあるだろうか。かつて、日本建築は柱と梁の間を、小壁や建具で埋めるという構法を用いていたことを表す表現である。平安時代の寝殿造をみると、外まわりの建具に、蔀戸（図2）といった吊り上げ形式のマドが見られる。蔀戸とは、格子を組んだ裏側に板戸を張ったものなのだが、明かりを採ろうと開けたらほぼ外部と同じ、雨風の強いときなどに閉じたら昼間でも真っ暗と極端なのである。視線を適度に遮ることができる御簾なども併

[図2] 法隆寺聖霊院の半蔀（はじとみ）
蔀戸の半分は上に開き、下半分のはめ殺し部分は取りはずせる

用してはいたが、当時のマドに開閉以外の選択性はほぼなく、表1の要素のいずれかを選択して快適性を高めようとすると、他も連動してしまうため、不快な要素も受け入れざるを得ない状況であった。

　その後、鎌倉時代になり書院造では柱が丸柱から角柱へと変化したことで、鴨居や敷居などのしくみがつくりやすくなり、引違い戸が生まれる。これは外まわりの建具にも変化をもたらし、全開か全閉の蔀戸から、開ける分量を調整できる引違いの舞良戸（図3の板戸部分）へと変化した。さらに大きなこととして、明り障子の登場がある。光は採り入れたいが寒風を遮りたいという選択性を獲得したわけである。表1の要素の連動性から光だけ独立した形だ。

[図3] 舞良戸と明り障子（慈照寺東求堂）

この後も、明り障子は、安土桃山時代に数寄屋造（書院造の発展形であり数寄屋風書院造ともいう）となり、茶室での光の演出により採光が重んじられるようになると、全面を障子とするのではなく、腰の低い障子や腰のない水腰障子など、明かりを採るマドの高さに工夫がなされるように進化した。室内の光の分布のコントロール方法を獲得したわけだ。この流れは、江戸時代にも続き、意匠的にも凝り多様化した。ちなみに、第1部で紹介した「SAKURA GALLERY 山櫻東京支店」(p.4)の手法はこの時代に通じるものである。

そして、明治時代に入ると文明開化とともにガラスが登場し選択性が一変する。ガラス戸の登場により、建具を閉めたまま景色を取り入れることが可能となったわけである。表1における視覚の独立制御の獲得である。

日本独自の進化では、障子とガラスが併用され、庭の景色が見える高さなど、景色を切り取るようにガラスがはめ込まれた竪額入障子や、雪見障子などが生まれた。景色へのこだわりは借景にも通じると思うが、一番美しく見えるように、視線の位置と開口部を調整するという考え方は、今にも通用する快適性向上手法である。形は違えど、「ペプチドリーム本社・研究所」(p.8)は特定方向の景色へ視線誘導しているあたりは通ずるものがある。

一方で西洋化の流れから、窓全体がガラスとなり、カーテンの併用もしだいに一般化した。ガラスによって従来よりも多量に入射するようになった光を遮るという手法の獲得である。このあたりになると、もうかつての開放的な間戸は見られず、現在の窓の形式と同様である。

3.5 │ ガラスの進化

窓を塞ぐ素材がガラスになってから日本の独自性は薄れ、多様な進化により、さらなる選択性を生み出している。オフィスビルなどでは、構造の進化でカーテンウォールによる大開口（こうなると、光・視環境もかつての間戸を超える開放性にさらされるのだが）が用いられ、ガラスの熱的な弱さの問題の影響が大きくなっていく。それに対応すべく、二重サッシや熱線吸収ガラス、熱線反射ガラス、Low-Eガラスなど大きな進化を遂げてきた。表1における熱の独立制御である。透視性を維持しつつ、熱的性能向上へ取り組んできた軌跡は、ガラスによって獲得した眺望という価値に対する思いを感じる。

一方で、COLUMN 03-01「透光・不透視の視線制御」(p.90)にもあるように、外と中を隔てるものがないかのように錯覚するほどの透視性をもつガラスや、うっすらと透けて見えるなどその選択肢はとても多く提案されている。視線制御手法としてのひとつの選択肢である。これを電気的に制御するスマートガラスという技術開発も急速に進んでいる。COLUMN 04-01 (p.104)の調光ガラスもその一種であり、これは眺望を維持するため、正透過の特性を維持したまま透過率のみを低下させているが、透過特性を変化させるものがあり、公衆トイレの安全性を担保するために、普段はクリアに内部が見えるが利用時のみ白濁するというような使用例がある。ほかにも、COLUMN 03-03「窓を利用したメディアファサード」(p.91)のようなものもある。これは、日中はクリアな窓として眺望を維持するが、夜間は映像を映し出すディスプレイとして機能する。外から室内が丸見えになることを緩和する効果も期待できる。少し快適性から外れるが、建築物に付帯するデジタルサイネージなどの発光媒体は、日中に用いることは、かなり高輝度が必要とされるため非効率である。しかしながら、ディスプレイをファサードに常設設置してしまうと、OFFの際に黒い画面となってしまうため、点灯せざるを得ず、結果として無駄に高い高輝度のスペックを搭載することになる。さらなる問題は発光輝度を環境の明るさに応じて調整しようという発想がないのか、他よりも可能な限り目立たせたいという意図なのか、夜間も高輝度のスペックを最大限活かして発光し続けるケースがある。結果として、夜間に過剰なグレアを生じ、無駄なエネルギーを消費し、光害の問題を悪化させるといった負の連鎖を生じる。このような状況から考えると、メディアファサードのように、日中と夜間でファサードの役割を変えるという考え方は、合理的であるかもしれない。

さらに、光・視環境とは直接関係しないが、ガラスの技術進化によって、建築形態にも自由度が増していることにもふれておきたい。たとえばCOLUMN 03-03「3次元曲面ファサード」(p.92)

COLUMN 03-01

透光・不透視の視線制御

板ガラスや合わせガラスを用いた光を取り入れながら視線を制御する製品がある。

①と②はすり板ガラス、③は板ガラスの片側面に表面加工を行ったもので、④〜⑦は合わせガラスの中間素材を変更することで可視光透過率（Tv）の変化と連動して透視性を調整している（⑦は特殊金属膜をコーティングしたガラスも使用している）。いずれも、入射光を乱反射させるしくみをもつことで、光は通しながら視線を遮る機能があり、表面に模様がある④などはインテリア効果を高める機能もある。

両者の違いとして、片側面に表面加工を行った①〜③のようなガラスの場合、ガラス表面への水の付着によって透視性が増してしまうものもあるため設置方向に留意が必要（一般的には室内側に片面とする）であるが、合わせガラスの場合はガラス表面への水の付着等での透視性への影響は考慮する必要がない。なお、写真はガラスの前後の明るさは同じ状況で撮影している。　　（加藤未佳）

ガラスなし Tv：100.0%、Rv：0.0%	①すり板ガラス 3mm Tv：90.4%、Rv：8.1%	②すり板ガラス 5mm Tv：89.5%、Rv：8.0%	③型板ガラス 梨地 2mm Tv：90.9%、Rv：8.2%
④合わせガラス 3+3mm Tv：82.4%、Rv：15.4%	⑤合わせガラス 3+3mm Tv：67.4%、Rv：24.8%	⑥合わせガラス 3+3mm Tv：23.9%、Rv：66.0%	⑦合わせガラス（金属膜加工） Tv：31.4%、Rv：18.7%

※　Tv：可視光透過率、Rv：可視光反射率（室外側入射）

のように、曲線の表現を支える技術が向上しており、コンピュータによるパラメトリックな 3D デザインで生み出される建築意匠を支えている。曲線を用いる際には、4章にある昼光による光害などには留意が必要だが、これまで幾何学的な形状の連続で構成されてきた都市が、今後、有機的なものへと変わっていくかもしれない。

3.6 | 光の変動を取り込む

窓を通じて生じる光の変動によって、視覚以外の感覚を刺激するという表現もあり得る。

たとえば、COLUMN 03-04 (p.13) のウォータールーバーでは、ガラスに水が流れているようすが、室内に映し出され、非定常の刺激を与えている。抽象的な表現であるがゆえに、内在者に想像力に応じて、時間の流れや、水による清涼感など、さまざまな印象をもたらす。以前は「Comfort」をめざすあまり、昼光導入装置は、いかに安定的に光を取り入れるかという観点での努力ばかりに力を注いできたが、COLUMN 04-01「昼光の変動を活かした採光装置」(p.104) にもあるように、近年は、光の時間的・空間的変動を用いた表現が、「Pleasantness」を生み出す表現としてとらえられている。

「東京大学　総合図書館別館」(p.20) もそのひとつである。地上の景色（遺構）を残すことの価値から地下化を選択したので、噴水を残すことまでは理解できるのだが、用途から考えれば本来、噴水の水と地下の空間はできる限り隔絶することを選択するところを、あえて噴水をトップライト化し、噴水と地下室の空間をつなげる策に出たというから驚きである。人工照明で十分に機能は果たせるのに、あえて水の揺らぎを投影するトップライトを通じて利用

窓を利用したメディアファサード

建築ファサードは、建築物の中ではもっとも目につく場所であり、近年では建築ファサードにサイネージ（電子看板）機能が求められることがある。とはいえ、建築物の開口部としては眺望、開放感、防風性、省エネ性といった重要な機能を損なってはいけない。そこで、双方を両立する技術として、窓の基本性能を押さえつつ、ファサードにカラー動画などを付与できる手法が提案されている。

透明ガラスとサイネージの昼夜切替の様子（AGC 提供）

日中は通常のガラスとして使用でき、夜間はサイネージとして使用するなど、昼夜の表情を変えることが可能である。

（平島重敏）

者に刺激を与え、コミュニケーションや議論の活発化を促すことを選択した思いに、「一輪の花」の価値を再認識させられた。

3.7 | 窓を通じて外に向かうもの

ここまでは、内在者の視点に立って、窓を通じて室内に取り込まれるものを中心に述べてきたが、当然ながら屋外へ向かうものもある。

たとえば、クリスマスやハロウィーンなどの季節になると、街路に面した窓にデコレーションしているのを見かける。窓辺に花など飾り付けをしているのを見かけることもある。ほかにも、コロナウィルス感染症罹患患者の増加に伴い、緊急事態宣言が 2020 年 4 月 7 日から 5 月 25 日にわたり発令されていた際、宮﨑市シェラトン・グランデ・オーシャンリゾートでは、図 4 のような窓灯りを通じて、困難な事態に対する連携と希望の思いを発信した。これらの取組みは、すべて利他的な思いに基づいている。建築は街の一部であり、当然のことながら、内在者のためだけのものではなく、外へどのようにプラスの効果を与えるかという視点も必要である。そういった意味で、内外をつなぐ窓のもつ役割は大きく、街の景観に寄与し、人工物である建築が連なる街に命を吹き込むことになる。

上記は特殊な事例ではあるが、一般建築の夜間における漏れ光も同様の意味がある。人の気配が街ににじみ出ることで、安心感を与える効果も期待できる [2]。「柏たなか病院」（p.30）は駅前に位置し、駅から降り立つ人をやさしく迎え、家路へ向かう通りにつなげるやさしい光を放っている。建築から漏れる光は鉛直面方向から到来することが多く、路面よりも歩行者の顔や身体を照らしやすい。歩行者同士の認識しやすさにも寄与するため、防犯性の観点でもプラスのことが多い。

3.8 | 自由になった窓

一方で、外に出ていく情報として、プライバシーなどもあるが、こちらは先ほどと異なり、できる限り流出させたくないものである。隣接する建物の窓

[図 4] 窓灯りを通じた発信事例

光環境と意匠性をもつ3次元曲面ファサード

コンピュータ技術を駆使することによって、近年、構造体やファサードのデザインが多様化しており、曲面を用いたガラス建築も増えている。3次元曲面ガラスカーテンウォールの特徴的なデザインを実現する、材料加工や施工技術も併せて発展している。

3次元曲面のガラスファサードを構築する場合、あらかじめ熱処理によって加工した曲面ガラスとアルミフレームを分けて製作する工法（ノックダウン工法）やフラットな四角いユニットカーテンウォールを建築現場で少しずつねじりながら取り付ける工法（コールドベント工法）があり、日本においてもコールドベント工法が採用され始めている。コールドベント工法は、フラットな四角ユニットカーテンウォールの3点を固定し、1点を強制的に面外方

向に押し引きして少しねじり、それを連続させることで3次元のダイナミックな曲面を実現する施工技術であり、部材を変形させることによって生じる長期の応力や、風荷重、地震荷重のほか、日射熱によって生じる短期の応力等も考慮されて施工される。

これらの施工技術を活用することによって、昼光利用や日射熱取得が最適化された環境性能と意匠性を整合させたファサードデザインを実際の建築に仕上げていくことができる。

（小島義包）

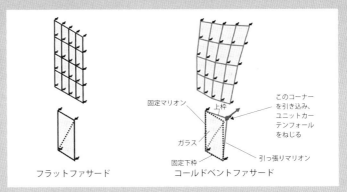

図1 フラットファサードとコールドベントファサードの比較概念
https://www.obayashi.co.jp/news/detail/news20190618_1.html

の位置と重なり視線が交差してしまうと、ずっとブラインドの角度が閉ざし気味に固定され、場合によっては、シャッターを閉めたまま開かずの窓となることもある。

当然のことながら、周辺環境を十分に読み解き、窓の位置やガイドの利用などで、「SAKURA GALLERY 山櫻東京支店」(p.4) の例のように、適切に外部からの視線を遮るべきだが、密集地などでどうしても窓が設けられないというときは、COLUMN 03-05「天窓照明」(p.95)のような空を再現した擬似窓という選択肢もある。雲が流れ、色温度が変わると同時に、音情報も活用するなどリアルな演出を用いることで、擬似窓だとわかっていても、その存在はときに一輪の花となる。

一方、擬似窓には、異なる視点の商品も開発されている。ドラえもんのひみつ道具のひとつ「窓けしききりかえ機[3]」をご存じだろうか。これは他の家の窓や乗り物の窓から見た景色を近くの窓に映し出

す道具で、自宅にいていろいろな場所の景色を楽しむことができるのである。図5に示す「Atmoph Window 2」は、「窓けしききりかえ機」を彷彿させる擬似窓で、言ってしまえば高解像度の映像と連動した音を流すディスプレイなのだが、用意された動画のみならず、ライブストリーミングといって、各国のリアルタイムの映像を映し出すこともできる点や、顔の位置を把握し風景が追従して変化する機能など、とことんリアリティ（ときにリアルを超える仕様も）を追求する姿勢は、未来へ向けた進化の可能性を含めて大変興味深い。

いずれ、空間や時間を超えて体験を共有するという経験は、新たな人の結びつきを生むだろう。たとえば、単身赴任などで離れて暮らす家族が、打ち上げられる花火を同時に見る実体験（これを実体験と呼ぶかはむずかしいところだが）を共有できるかもしれないし、祖父母がかつて経験した幼少期の景色を、時を超えて孫が一緒に体験するということもあ

水流を利用した環境装置　ウォータールーバー

　パッシブ技術を導入する環境建築において、ハイサイドライト等による自然採光と煙突効果による自然換気を複合的に実現する吹抜け空間が設けられるが、ウォータールーバーは自然採光窓に水を流すことで、夏季の暑熱日の窓の表面温度を下げながら、入射する光を水の揺らぎにより優しい光に変えて建物内へ導くことをねらった環境装置である。

　雨水を原水とする雑用水を上部から掛け流しするしくみで、水流による日除けとしてガラス表面温度を下げ、貫流熱や日射熱による熱負荷の軽減が可能である。窓が南に面しているため、太陽高度が高く直射日光が下階まで降り注ぐ夏季の 11 時から 14 時まで水を流して運用している。

　自然採光（直射日光を含む）への影響の確認として、建物内の採光窓直下の照度を建物屋上の全天照度で

図1　室内よりウォータールーバーを見る

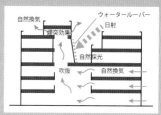

図2　断面

除した割合（直射日光を含めた昼光率）を、ウォータールーバーの稼働前後で比較すると、散水により可視光の透過率に大きな差は発生せず、自然採光に影響は少ないことを確認している。

　散水による水流は、視覚や聴覚にも働きかけ、清涼感を醸す環境をつくり出すことができる。（山崎弘明）

流水前の熱画像

流水後の熱画像

図3　熱画像の比較
（雲南市役所新庁舎、設計：日本設計）

るだろう。少し視点は違うが、病院で最期を迎えるとき、自宅で見ていた見慣れた風景や、ふるさとの風景、思い出の地の景色に包まれながら過ごすということも可能であろう。

　2030 年に見据える 6G へ向けて docomo が公開したホワイトペーパー [5] では、8K やそれを超える高精細映像やホログラム、触覚含む新たな五感通信等の普及が見込まれており、ドラえもんが生まれる 2112 年よりもはるかに早く「窓けしききりかえ機」は現実のものになるのかもしれない。

3.9 | やはりそれでもリアルな窓は必要

　技術が進むことで、さまざまな可能性は広がるが、ときに非日常は、意図せずにさまざまなことを気づかせる。少し時間をさかのぼって思い出してほしい。

　たとえば、2011 年 3 月に起きた東日本大震災後である。東北電力株式会社によると、東日本大震災当日には最大約 466 万戸（東北電力圏内のみ）が停

電となった（図6）[4]。停電の解消は地震発生から 3 日後に約 80%、8 日後には 94% と、あの被害状況から考えると早い復旧であったが、全住戸が復旧するには、6 月中旬まで時を要したことが報告されている。そして、仙台市在住者に対するインターネットを通じたアンケート調査によると、東日本大震災時の停電で使用できず困った機器・設備として、回答者の 99% が「照明」をあげている。

　東京電力管内では、電力供給が需要に追いつかず、3 月 14 〜 28 日まで、電力事情の逼迫に伴い計画停電が実施された。事前に停電することをわかっていても、電力が供給されることを前提に生み出されてきた空間やシステムは、いとも簡単に機能しなくなり混乱した。そして、この経験は、人工照明があれば窓はなくてもよいという考えを、立ち止まって考えるきっかけを与えた。窓のある空間は採光が得られ、少なくとも日中の活動は維持できることに、その存在の大きさを実感した人が多くいたはずである。

[図5] 擬似窓「Atmoph Window 2」のイメージ

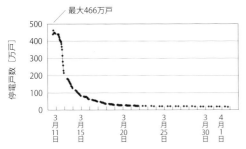

[図6] 東日本大震災時の東北電力圏内における停電の復旧状況[5]

レジリエンスという観点として、蓄電や自家発電などの動きも進めていく必要はあるが、もっと根本的な視点として、窓の重要性を今一度考えてほしい。

3.10 | 窓の決定に影響を与える指標

ここまでは、窓を介して行き来する要素の制御に対する事例等を紹介してきたが、少々設計の判断基準となる指標も紹介しておこう。

まず、前述の建築基準法第 28 条（通称：採光規定）がある。採光のための法律ではあるのだが、光量ではなく、床面積に対する有効採光面積で定められており、窓の大きさが決まるという点に特徴がある。なお、用途（住宅・学校・病院など）に応じて、1/5 〜 1/10 の間で定められている。実際のところ、この値で採光の観点から十分かといえば、NO である。AIJES-L001-2010)[6] にも記載されているが、宗方らの開口率と採光満足度に関する調査によると、図7 に示すとおりであり、住宅に適用される開口率 1/7（0.14）の場合、不満率が 3 割を上回り、満足率が 8 割以上となるには開口率 0.7 以上が求められる。このデータを見ると、基準値よりもう少し高

い満足度をめざしてもよいのでないかと思うが、それでもこの法律があることで、窓の大きさがある程度維持され、他の要素である眺望性や開放感にも一定程度貢献していると考えられ、その存在は大変重要である。

一方で、日本においてオフィスには、建築基準法 28 条の採光規定が適用されないため、窓は必須ではない。そのため、下記の指標がある程度、窓の維持に貢献するであろう。

まず、DF（Daylight Factor：昼光率）は、多くの人が耳にしたことがあるだろう。AIJES-L001 において、行為や室用途に応じて推奨値が示されている。日本の天空条件を考慮して、全天空照度が 15,000 lx を定め基準昼光率が決められているものの、標準曇天空に基づくため、方位や天候を考慮しない難点がある。また、各視作業点における瞬時値の評価にとどまる。

アメリカでは、昼光照明環境の年間評価を行う指標である sDA（Spatial Daylight Autonomy）や ASE（Annual Sunlight Exposure）が提案されており、建物環境評価制度 LEED や前述した WELL 認証でも導入されている。年間で年間在室時間に昼光のみで閾値照度を達成できる時間割合を表す DA（Daylight Autonomy）（たとえば DA_{300} は年間在室時間の何割が 300 lx を昼光で得られるかを意味する）が基にあり、DA の時点で DF の瞬時値評価から年間評価へ前進している。そして、sDA は DA を満たす空間的な面積率をさし（たとえば

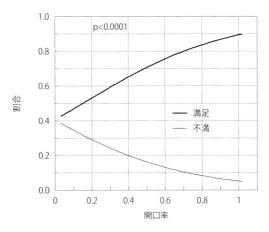

[図7] 住宅居室における開口率と採光満足度の関係[6]

COLUMN 03-05

空間演出システム「天窓照明」

空間を快適に演出する照明として、「天窓照明」を活用した空間演出システムが開発されている。これを用いれば、地下などの窓がなく自然光が入らない場所においても外とのつながりを感じる開放的な空間、活気とリラックス感を両立できる空間をつくり出すことができる。

その特長は、天井に埋め込んで設置することで、天窓があるように感じさせることである。そのことで、青空や流れる雲を表現でき、時間帯によって色や演出を変えることができる。

空以外にも、水面、竹林、サメ、川などのオプション映像コンテンツで、演出の幅を広げることができる。ほかにも、スポットライト型プロジェクターや、スピーカー付ダウンライトなどと組み合わせた総合的な演出が可能であり、複数台を並べて設置することで連動した演出もできる。

オフィス、病院、地下街などの外光が入らない閉鎖的なパブリック空間などで適用することができる。

ここでは、天窓照明をふくむ、一般照明（無窓空間）、実窓を用いて行った実証実験を紹介する。
その概要は以下のとおりである。
・開口部の寸法は3条件とも800×800mm。
・実窓は、自然風景が見える一般的な窓。
・被験者は20代男女18人
・入室1分後に、空間の印象を回答

天窓照明の外観

実験に用いた3種類の窓

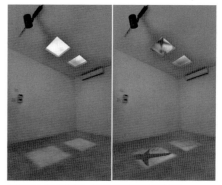

天窓照明を用いた演出例　晴天の日中に海の底にもなる

一般照明

天窓照明

実際の窓（実窓）

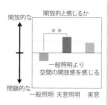

外とのつながりを感じるか

開放的と感じるか

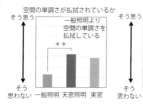

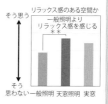

空間の単調さが払拭されているか　活気のある空間化　リラックス感のある空間か

する。

その結果は、以下のとおりとなった。

天窓照明を設置した空間では、一般的な照明を設置した空間と比較して、
・外とのつながりを感じる
・開放的と感じる
・空間の単調さが払拭されている
・活気がある
・リラックス感がある
の項目で有意な差[注]があることがわかった。　　　　　（向 健二）

注）有意水準1％で有意差あり

参考文献）山内他：無窓空間における視環境の改善手法に関する研究－疑似天窓装置の生理・心理的効果－、日本建築学会大会学術講演梗概集（北陸）、40287、pp.625-626（2019）

$sDA_{300/50\%}$ とあれば、DA_{300} が 50% 以上となる領域の面積率を意味する）、評価点を空間に広げた。評価対象範囲は、段階的に異なるが、基本的に昼光がどれだけ取り込まれているかを評価する指標である。一方で ASE は過剰な昼光を評価する指標である（たとえば $ASE_{1000/250}$ とあれば、年間 1,000 lx となる時間が 250 時間以上になる領域の面積率を表す）。sDA と ASE を併用することで、適切な量の昼光を判断しようという設計思想である。

LEED や WELL 認証で定められている値は、日本のオープンプラン・オフィスなど奥行きの深い空間にはハードルが高いという報告[7]があり、目標値に課題はあるものの、評価方法は注目すべき点がある。視作業性という機能を満たすためなら昼光か人工照明かという区別は必要なく、ただ視作業面の照度などを定めればよいのだが、あえて昼光由来の光量を定めている点は大変興味深い。今後、日本の実情に即した目標値が提案されていくことを期待したい。

3.11 │ 目的別窓のすすめ

窓のさまざまな側面について紹介してきたが、窓は価値の多様さゆえ、これを考えれば十分とか、この値を計算すれば大丈夫というものではない。設計者は、バランス感覚を研ぎ澄まして、ニーズに合った窓のあり方を模索する必要がある。

ただ、察しのよい読者は、本章で伝えたかったこととして、窓を通じて行き来するものはある程度個別制御が可能なのであるから、それぞれのニーズにこたえる窓をそれぞれ設ければよい、という窓を計画する際のヒントに気がつくだろう。たとえば、風を通すための窓なら景色が見える必要はないし、採光を目的とした窓なら眺望がなくてよいかもしれない、逆に景色はほしいけれど、外からの騒音はほしくないということもあるだろう。それなら、分けてしまえばいいのだ（そもそも、1 つの窓で満たそうとするから最初に紹介した「熱か光か」というような議論が起こるのだ）。第 1 部の「大林組技術研究所テクノステーション」（p.12）は、そのよい例である。採光のための窓や眺望のための窓と目的を明確にして、適切な制御を行っているので参考にしてほしい。

一つひとつの要素をていねいに設計していくことが、手間は掛かるが近道である。ぜひ、利用者の笑顔を思い浮かべて、一輪の花を活けてみてほしい。

（加藤未佳・伊藤大輔）

参考文献

1) シェラトン・グランデ・オーシャンリゾート HP（https：//seagaia.co.jp/article/682（2020)
2) 小林茂雄、海野宏樹、中村芳樹：夜間商店街における店舗からの漏れ光と安心感、人間・環境学会誌 6 巻 1 号、pp.1-8（2000）
3) ドラえもん 19 巻 ひみつ道具 392
4) 株式会社 NTT ドコモ：5G の高度化と 6G（2020）
5) 経済産業省：原子力安全・保安部会電力安全小委員会：電気設備地震対策ワーキンググループ報告書（2012）
6) 日本建築学会環境基準　AIJES-L001-2010　室内光環境・視環境に関する窓・開口部の設計・維持管理規準・同解説、日本建築学会
7) 高安結子，三木保弘，山口秀樹，吉澤望：昼光照明の年間評価指標 sDA/ASE に関する基礎的検討―日本国内の執務空間を対象として―、日本建築学会学術講演梗概集、pp.541-542（2018）

4章

グレアの制御

4.1 | グレアとは？

　グレアは「視野内に目が順応している輝度よりも著しく高い輝度が存在することによって生じる不快感や視作業性・視認性の低下」と定義されている[1]ように、グレアの程度は光源の輝度だけではなく、目の順応状態によって異なってくる。光源の輝度が同じであっても、グレアとなる（まぶしいと感じる）場合とグレアとならない（まぶしいと感じない）場合があり、やや極端な例だが、夜間の暗い環境では自動車のヘッドライトがまぶしく感じることがあるが、明るい昼間は同じライトがまぶしくはないことが、経験的にわかる（図1）。

[図1] まぶしさを感じない昼のライトが夜にはまぶしくなる

　ここで、目が順応している輝度とはおよそ視野全体の平均的な輝度のこととみなされ、順応している輝度が低い夜間の屋外では、グレアが起こる可能性が大きくなる。一方、通常の室内は昼夜ともにある程度の明るさ（順応輝度）は確保されているので、グレアの程度は、光源の輝度、大きさによる影響が大きい。また、一般の室内では、おおむね不快感を引き起こすグレア（不快グレア）を防止できれば、視作業や視認性の低下を引き起こすグレア（減能グレア）を防ぐことができるような条件であることが多い。本章では不快グレアの抑制に焦点を絞って述べる。

　不快グレアの程度を予測する方法として、相当数の「グレア指標」が提案されている。これらは100年近く研究されてきた成果の蓄積であるが[2]、指標としてはいまだに不完全で、理論と実験→実空間適用→問題→修正のサイクルの中にある。これには、照明そのものの変化や、生活様式、作業形態の変化、さらには測定や計算の技術的進歩も影響しており、常に指標のほうが現状に追いつくためのバージョンアップを求められている。ここから、これらの指標の解説をしながら、根底にあるグレアのメカニズムについてもふれていく。不快グレア抑制をどうしたらよいかを早く知りたい読者の方は4.5「グレア評価の手順」、あるいは4.6「実空間での人工照明のグレア制御」以降を先に読んでから、4.2〜4.4の指標の概要や背景の理論や問題点について読むとよいかもしれない。

4.2 | グレア感の予測

　本格的に白熱電球がつくられるようになった1910年ごろからすでに、電球の強い視覚への刺激が問題視され、グレアの研究が始まった。1940〜60年代にはアメリカ、イギリスなどの研究成果を基に国ごとの評価法の規格化、基準化が進められていた。グレアは順応に対する高過ぎる輝度によって引き起こされるので、研究が始まった当初から、光源輝度、光源の大きさ、順応輝度（視野内の光源以外の部分に順応していると考えられた）、光源の位置が主要な変数で、それはどの指標でも変わらなかった。

　変数が4つしかないのというのは一見単純そうに思われるが、実空間のすべての条件に対応できるような指標はいまだなく、現状では指標は「室内照明用」「屋外照明用」「昼光照明用」に分かれており、半屋外空間のようにどの指標を用いるのか判断がむずかしい場合は、条件が近くあてはまりそうな指標

を使う、あるいは複数の指標を計算して判断するなどの対応が必要になる。

4.3 | 人工照明のグレア指標

4.3.1　室内照明の指標　UGR

JIS の「照明基準総則」では[3]、屋内照明施設に対する不快グレアの評価は、「屋内統一グレア評価方法」(UGR)[4] に基づき、表に示されている UGR 制限値 (UGR$_L$) を超えないことが望ましい、とされている。このように UGR は空間に対してのグレア評価で、個別の器具に対する評価ではない。

指標の構造（指標値算出方法）

UGR とは Unified Glare Rating の略で、Unified（統一）とは国ごとに異なった評価法の規格化について、CIE（国際照明委員会）で統一基準をつくったことによる。各光源の輝度、立体角、位置と背景輝度から、式 (1) で計算される。

$$UGR = 8 \times \log\left(\frac{0.25}{L_b} \times \Sigma \frac{L^2 \times \varpi}{P^2}\right) \qquad (1)$$

L_b：背景輝度 [cd/㎡]

L：観測者の目の方向に対するそれぞれの照明器具の発光部の輝度 [cd/㎡]

ϖ：観測者の目の方向に対するそれぞれの照明器具の発光部の立体角 [sr]

P：それぞれの照明器具の視線からの隔たりに関する Guth のポジションインデックス [-][5]。視線から外れた光源について、視線上の光源と同じまぶしさを生じさせるためには何倍の輝度が必要になるかを示すものである。

指標値と評価

UGR とグレアの程度との対応は表 1 のようになる。

[表1] UGR とグレアの程度

UGR 段階	グレアの程度
28	ひどすぎると感じ始める
25	不快である
22	不快であると感じ始める
19	気になる
16	気になると感じ始める
13	感じられる
10	感じ始める

また、空間ごとのグレア制限値が決められていて、事務所（表 2）、医療保健施設（表 3）の基準の一部を例として示す。制限値は通常の空間では 16「気になると感じ始める」あるいは 19「気になる」であることが多い。表 1 のように UGR が 6 増えて感覚が 1 段階上がるので、制限値は数値で 3 ずつの幅になっており、(1) 式で小数点以下まで計算するほどの精度は求められない。

[表2] 事務所の照度とグレア制限値[3]

領域、作業または活動の種類	照度 [lx]	UGR$_L$
設計、製図	750	16
キーボード操作、計算	500	19
設計室、製図室	750	16
事務室	750	19
役員室	750	16
受付	300	22

[表3] 医療保健施設の照度とグレア制限値[3]

領域、作業または活動の種類	照度 [lx]	UGR$_L$
診察室	500	19
救急室、処置室	1,000	19
手術室	1,000	19
病室	100	19

4.3.2　屋外、スポーツ照明の指標　GR

JIS の照明基準総則では、屋外照明施設のグレア評価に GR を用いている[3]。これは屋内スポーツ照明にも用いることができるといわれている[6]。GR は UGR と異なり、光幕輝度という概念を用いている。光幕輝度とは、2 章（p.83）でも説明しているが、高輝度の光が目に入射し屈折、拡散し眼球内につくるほぼ一様な輝度のことをいう。GR は視線を水平より 2°下に向けたときを想定し、光源と周辺視野それぞれからの光幕輝度の比を用いて算出する。

4.4 | 昼光照明のグレア指標

4.4.1　人工照明との違い

光源の大きさによる順応輝度の上昇

人工照明のグレア式は個々の光源からの影響を加算する形（式中の Σ）となっている。多数の光源の影響を足し合わせることができるのなら、大きい光源を多数の小さい光源の集まりとみなして、大きい光源のグレアも計算できそうに思われる。しかし、

光源の大きさには限界があり、UGR の基になった実験では立体角 2.7×10^{-4}sr ～ 2.7×10^{-2}sr の範囲の光源を用いている。これは、「10cm 角の発光面の照明器具を約 6 m の距離で見た大きさ」～「同じ器具を 0.6 m の距離で見たときの大きさ」に相当する。

小さい光源（照明器具）の式が大きい光源（窓）に適用できない理由のひとつとして、光源が大きくなると、視野内における光源の影響が大きくなり、「順応輝度＝背景輝度」と仮定していたものが、「順応輝度＞背景輝度」となることがあげられる。

対比効果と総量効果

小さい光源からの不快グレアは順応輝度に対する光源輝度の比でその程度を示すことができるが、大きい光源では順応輝度そのものが高過ぎることによるグレアも起こる。この場合、背景輝度が高くなるほどグレアの程度が上がるということになり、小さい光源のときとは逆の影響となる。不快グレアの定義ではグレアは順応輝度に対する対比によって引き起こされるものなので、この順応輝度が高過ぎることによる不快感はグレアには分類されず、「明るすぎ」と呼ぶべきなのかもしれないが、感覚的には分離がむずかしい。また、Hopkinson[7] はこれらをいずれもグレアとして、「対比効果（contrast effect）」、「飽和効果（saturation effect）」と呼び、前者の例として夜道のヘッドライト、後者の例として雪野原を挙げている。「飽和効果」は視反応メカニズムの飽和のことだが、飽和しないまでも総量によって引き起こされるので「総量効果」とする場合もある。

窓からの不快グレアは、光源の大きさや光源および周辺の輝度によって、対比効果（背景輝度が増加すると不快グレア感は減少する）と総量効果（背景輝度が増加すると不快グレア感も増加する）のいずれか、あるいは両方が原因になる。以降はこれらの影響を考慮して、現在の指標について示す。

4.4.2　昼光グレアのおもな指標

昼光グレアの計算式には、日本人のデータを基に開発された PGSV[8] と、ヨーロッパで開発され輝度分布データから算出するフリーソフトがある DGP[9] が使用されることが多い（4 大陸 6 か国の 1,000 以上のデータを用いて 22 種類のグレア指標

を比較した結果、もっともグレア感を予測できたのが DGP であったが、日本人被験者の結果には PGSV がもっとも合っていたと報告されている[10]）。

ここではこの 2 つを紹介する。

上記の比較研究ではさまざまなデータへのあてはまりのよさを検討しているが、実際には 2 つの指標はまったく異なる状態を想定している。PGSV は、机上面から窓へ視線を移した直後の状態での評価で、視点は窓面にある。一方、DGP は個室オフィスで VDT 作業を行っている間に起こるグレアで、視野内に窓があるが視点は VDT 上にある状態での評価になっている。このように異なる状況を評価しているので、使用する際は「どういう状況を評価したいのか」によって、選択したほうがよい。

(1) PGSV[8], [11]

指標の構造（指標値算出方法）

通常は背景輝度が高いほど不快グレアの程度は小さくなるが、光源が大きくなると背景輝度の影響は小さくなる。PGSV（Predicted Glare Sensation Vote）は背景輝度の係数を光源の立体角の関数にして、光源の大きさによる背景の影響を考慮している。以下のような式になる。PGSV の実験の立体角範囲は 0.021 ～ 0.97sr である

$$PGSV = 3.2 \log L_s + (0.79 \log \varpi + 0.61) \log L_b - 0.64 \log \varpi - 8.2 \qquad (2)$$

L_s：光源輝度 [cd/㎡]、L_b：背景輝度 [cd/㎡]
ϖ：光源の立体角 [sr]

総量グレアについては以下のように提案されている[11]。

$$PGSV_{sat} = \frac{A_1 - A_2}{1 + (L_a/L_0)^p} + A_2 \qquad (3)$$

$A_1 = -0.57$、$A_2 = 3.5$、$L_0 = 1270$、$p = 1.7$
L_a：視野内の平均輝度 [cd/㎡]

指標値と評価

PGSV とグレアの程度との対応は表4のようになる。

[表4]

PGSV	グレアの程度
3	ひどすぎると感じ始める
2	不快であると感じ始める
1	気になると感じ始める
0	感じ始める

PGSVはグレアの程度（感覚）と各空間での許容できる程度（評価）が異なるというコンセプトになっている[9]。たとえば、オフィス事務作業でのPGSV値と不満者率（非許容率）の関係は図2のようになる。不満者10％となるのはPGSV＝0.9、20％はPGSV＝1.2である。オープンプランオフィスでPGSVを使用する場合には、その座席位置に座った人の不満者率になるので、不満者率が最大となる座席位置で検討するか、空間全体の不満者率の分布を検討することが望ましい。また、その他の空間については制限値が決められていないので、その空間・用途で窓に視線が行く頻度を考えて、PGSVを決定するとよい。

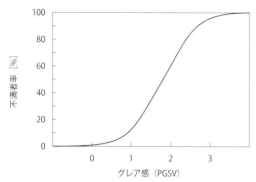

[図2] グレア感とオフィスにおける不満者率

(2) DGP[9]

指標の構造（指標値算出方法）

Daylight Glare Probability（DGP）[9]はデジタルカメラによる輝度画像を用いた不快グレア予測方法として提案された。個室オフィスでの実験から導かれた以下の式で示される。

$$DGP = C_1 \cdot E_v + C_2 \cdot \log\left(1 + \Sigma \frac{L_{si}^2 \cdot \varpi_{si}}{E_v^{C4} \cdot P_i^2}\right) + C_3 \tag{4}$$

$C_1 = 5.87 \times 10^{-5}$、$C_2 = 9.81 \times 10^{-2}$
$C_3 = 0.16$、$C_4 = 1.87$
E_v：目の位置の鉛直面照度
L_b：背景輝度 [cd/㎡]
L_s：光源輝度 [cd/㎡]
ϖ：観測者の目の位置から見た発光部分の立体角 [sr]
P：各位置におけるGuthのポジションインデックス

第1項の目の位置の鉛直面照度で総量効果を表しているが、対数ではないため、鉛直面照度が高くなると影響が大きくなる。第2項はほぼUGRを踏襲した形で対比を示し、ポジションインデックスも用いられている。DGPを導いた実験が図3に示すような個室オフィスで、窓面の立体角が比較的大きい（DGPの実験は0.96 sr〜4.21 sr）ため、総量効果（第1項）が大きくなる傾向にある。

[図3] DGPの評価対象（DGP算出の実験状況）

DGPは光源とする部位が決まっておらず、光源と背景をわける閾値を決定して、閾値以上の輝度となる部分を光源、以下の輝度となる部分を背景とするが、閾値の決定の仕方が、以下から選択することになる。

①適宜決定した輝度
②視野内平均輝度のx倍の輝度
③タスク領域の輝度のx倍の輝度

この場合、タスク領域は、ディスプレイ面、机上面、あるいは双方など作業に合わせて設定する。

図4に抽出された光源の部分の例を示す。閾値のとり方によって抽出される光源部分が異なる。DGP式を導出した際には視野内平均輝度の4倍を用いていたが、より広い条件範囲に対応できるのは③の方法だと報告されている[12]。

視野内平均輝度の5倍　　閾値を2000 cd/㎡　　タスク（●部分）輝度の5倍
光源部分なし　　　　　　空と机角　　　　　　空一部と机角

[図4]光源の抽出[12]（参考文献12のカラー表示から白黒表示を作成）

指標値と評価

DGP は 0 ～ 1 の値をとり、「Percentage of Disturbed Person（支障と感じる人の割合）」に対応する。オフィスでは「最もよい環境」は DGP ≦ 0.35、「よい環境」は DGP ≦ 0.4 とされている。基本的に VDT に向かっている設定であり、オフィス以外の空間への適用については示されていない[13]。

4.5 | グレア評価

4.5.1　グレア評価の手順

実際の空間のグレア制御は、図 5 に示すように、測定・予測した主要な変数からグレア指標を計算し、制限値以下になるように、主要変数あるいは制限値に関わる条件を変更していくことになる。

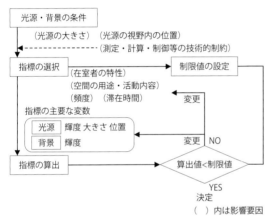

［図5］グレア評価・制御手順

4.5.2　指標の選択

人工照明に関しては現在のところ UGR を用いることになっている。基本的に UGR は通常のオフィスにあるような一様な天井照明状態を設定している。視線より下に位置する照明や光天井のような大光源では、そのまま使えない。また、LED の粒が見えているような発光面の輝度分布が不均一の場合補正が必要になる[14]。

昼光の場合は、光源の大きさによる選択では、光源が 1.0sr 以下であれば対比効果なので PGSV、それより大きければ総量効果になるので DGP あるいは PGSV$_{sat}$ が適している。また、視点が光源上になく作業面上にある（窓を見ていない）場合には DGP が適している。そのほか、測定や制御の技術

上の制約がある場合の指標の選択については 4.5.5 に述べる。

4.5.3　制限値の設定

計算された指標がその空間で許容されるかどうかを決める制限値については各空間用途、作業内容によって異なっている。また在室者側のファクターもある。不快グレアの感じ方は日本人と欧米人では異なるといわれ、虹彩の色の違い、文化・習慣の違いがあげられている。2 章でも述べているが、加齢による目の状態の変化によっても、不快グレアの感じ方が異なり、白内障は減能グレアおよび不快グレアの程度を増加させることが知られている。また、眼内レンズ挿入やレーシックといった手術によって、グレアを感じる頻度が高まることもある。制限値の決定にはこれらを考慮することが必要になる。

昼光グレアでは、昼光の変動（制限値以上のグレアの出現頻度）や在室者の視線方向（窓面などに視線が向けられる頻度）を考慮して制限値を決定することが必要になる。さらに不快グレアは明暗感のような「ちょうどよい」を求めるものではなく、低ければ低いほどよいので、昼光グレアはまったく昼光を入れなければ解決することになる。しかし、昼光照明の多くの利点とのバランスを考えて、グレアの安全側だけに傾かない制限値の決定が求められる。

4.5.4　指標の主要変数の算出

(1) 輝度　─画像測光─

グレアの評価には輝度測定が必要であるが、実空間の輝度分布は複雑で、スポット輝度計では測定しきれない。ここでは画像測光と呼ばれる、デジタルカメラを用いた多点の輝度を測定する方法について述べる。画像測光システム（図 6）は、数多くの研究機関や企業が開発し実用化している。露光の異なる複数枚の画像から HDR 画像を作成し、あらかじめ求めた HDR 画像の階調値と輝度の関係から、各ピクセルの階調値を輝度に変換する。あるいは各画像の階調値を輝度に変換してから合成してもよい。

また、測定時に画像中の 1 点をスポット輝度計で測定して、校正用の輝度とする方法もある。HDR 画像を作成するソフトや、カメラの機種によって HDR 画像から輝度画像を作成するソフトも

有料・無料で提供されている。

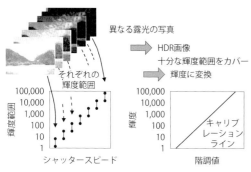

[図6] 画像測光システムの概念

各画像測光システムの仕様と測定精度にはばらつきがあるため、測定精度とともに信頼性が担保されなければならない。一般に高解像度のほうが高精度の輝度分布を測定できる。解像度は、使用するレンズの画角と画素数との関係により決定される。たとえば視野全体を測定するため魚眼レンズを用いると1画素（ピクセル）の視角が大きく、細かい輝度はとらえられない。測定器として確立されているスポット輝度計のように精度や誤差範囲を示すことはむずかしいが、少なくとも解像度（画素数／画角、単位は pixel/deg、あるいはこの逆数で示される場合もある）を併記しておいたほうがよい。

また、魚眼レンズを用いる場合、周辺の減光を考慮しなければならない。これはレンズによって異なってくるのであらかじめ輝度のわかっているものを撮影して確認しておく必要がある。

(2) 立体角と位置　—魚眼レンズの射影方式—

画像のデータは輝度だけでなく、位置や大きさの情報も含んでいる。グレアは視野全体の評価なので、魚眼レンズを用いると便利である。ただし、魚眼レンズは180°の視角となるので、解像度が低くなり、細かい輝度分布の測定精度が落ちる。人工照明の評価で光源が小さい場合（あるいは遠い場合）や、視点とその周囲だけが重要な場合、グレアとなる光源が特定できている場合などの視野の大きさより輝度の精度が必要な条件では普通レンズを使用して視野全体の写真を撮ったほうがよい。

また、魚眼レンズの射影方式によって1ピクセルがもつ立体角の大きさや投影される位置が異なる

ことにも注意しなければならない。通常用いられるのは、等距離射影か等立体角射影になる。等距離射影は図7のようになり、等立体角射影は画像の1ピクセル（画素）の立体角が位置によらず等しくなる。射影方式や変換方法について説明している書籍[15]、[16]を参考にするとよい。

$$\frac{h}{\pi/2} = \frac{r}{R}$$

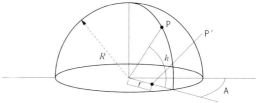

[図7] 等距離射影

4.5.5　グレア指標の算出

(1) ソフト、プログラム作成

測定でもシミュレーション結果でも輝度分布データがある場合、グレア算出のソフトを用いることができる。Evalglare は視野（基本は半球、等距離射影）の輝度分布から各種グレア指標を計算するフリーソフトで、4.4.2 の DGP のところでふれたように光源と背景を分ける輝度の閾値などを設定することができる。DGP、UGR、PGSV などの指標のほか、光源の平均輝度、光源の立体角、背景の平均輝度などが算出できる。

自分でプログラムを組む場合は、4.4.2 の DGP のところに示したように、まずいずれかの方法で光源と背景を分ける。光源部については各ピクセルを指標の式の各光源だと考えて、ピクセルの輝度、位置、ポジションインデックス（PGSV では必要ない）を求めて加算すればよい。

(2) 簡易計算

輝度画像がない場合、あるいはシミュレーションで輝度分布が算出できない場合は以下の方法を用いる。

人工照明では発光面の視方向からの輝度、背景としての代表部の輝度を測定し、各発光部の大きさと位置を求めて UGR を算出する。

昼光照明では PGSV は窓面の平均輝度、立体角、背景の平均輝度から算出できる。総量グレアの

PGSV$_{sat}$ と DGP は目の位置の鉛直面照度 E_v から算出できる。PGSV$_{sat}$ では視野内平均輝度 $L_a = E_v / \pi$ で（3）式から求められ、DGP は簡易 DGP として以下の DGPs が提案されている[17]。

$$DGP_s = 6.22 \times 10 - 5 \, E_v + 0.184 \quad (5)$$

4.5.6 制限値内に収めるための設計・制御の変更

図5に示したように、算出した指標値を4.5.3で設定した制限値と比較し、制限値を超える場合には指標の変数（光源の輝度、大きさ、位置、背景輝度）を変更する。実空間ではこれらが互いに影響し合い、明るさ感の確保など他の照明要件にも関与するので、数値で示すほど単純ではない。具体的な方法について4.6、4.7で解説する。

4.6 | 実空間での人工照明のグレア制御

4.6.1 光源からの光の方向（配光）と視方向

人工照明では照明器具の配置とともに、器具自体の配光がグレアにかかわり（図8）、グレア制御は配光制御によることが多い。たとえば、直管型では管に対して直交視と平行視それぞれについて見上げ角に応じて光度を制御している。図9に示すように見上げ角＝必要な遮光角になる。直交視はカバーを、平行視はプリズムなどを用いている。

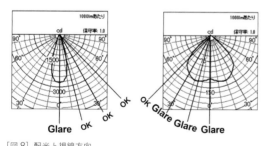

[図8] 配光と視線方向

[図9] 配光と視線方向

また、ダウンライトでは、形状と内部の反射性状でグレアを抑制するようにしている。遮光角はおよそ30〜40°想定の器具が多い。

4.6.2 空間用途の考慮

グレア指標は、すでに示した表2や表3のように、空間の用途などによって制限値は異なってくる。また、同じ空間内でも視線の方向がさまざまになる場合や、水平方向にあると仮定できない場合もある。

人工照明では通常は照明器具自体が基本的な配灯・取り付けでグレアを生じないように設計されている。

以下に、注意が必要になる用途に関して、紹介する。

病院

病室では患者の視線が天井に向けられることに留意しなければならない。通常の多床病室の照明は、部屋の中央通路部分に全般照明用の器具を設置し、ベッドまわりには壁付の個別照明を設置するという方式が多い。いずれの照明もベッドに仰臥している患者の視野に入り込む可能性が高いので、通常のオフィスや住宅照明より直接グレアはもちろんのこと、反射グレアにも注意しなければならない。

また、夜間にトイレに行く場合の足元を照らすための照明は、他の患者や本人の眠りへの影響を考え、部屋全体を明るくせず、動線の足元のみの視認性を確保することになるが、この場合背景輝度が低いので発光面が目に入らないようにする。

このような点を考慮し、「順天堂医院 B 棟」（p.38）の病室照明では、試みとして上下配光のLED ブラケット照明器をベッド頭側壁に配置し、下方光は発光面がまったく見えないような工夫がされている。LED は視方向によって高輝度になるので、発光面を見せないことで非常に確実な方法にしている。

スポーツ施設

スポーツ施設におけるグレアの問題は競技者の視線の動きが大きく、光源が視野の中央に入ることもある。とくにバドミントン、テニス、バレーボールなどの対象を目で追う競技では、照明器具の発光面の輝度が最大になる方向（通常は真上であることが多い）に視線が行くこともある。この場合、焦点は

手前のボールなどにありながらその背景に照明がくるということになる。スポーツ照明はGRを用いて評価することができるといわれているが、それは視線がほぼ水平にあるときを対象としており、直接光源方向に視線が向けられた場合の評価ではない。光源が視線上にくることを想定すると光源輝度と光源の大きさを抑制することが必要になるが、スポーツ施設ではランプ交換の手間も配慮して、大型のランプやランプを複数組み合わせた器具の使用が多かった。

　長寿命でメンテナンス頻度が小さいというLEDの特性を利用して、これを解決しようとするのが、「津市産業・スポーツセンター」(p.42)にある体育館の試みである。グレア軽減を、器具光束の小さい小型照明を分散配置することで図っている。競技者の視野中心に器具が入った場合でも器具（発光面）の立体角が小さいためグレア軽減が期待できる。さらに器具1台の照射面積が小さく、遮光角が大きくできるので、競技者のまぶしさが低減できる。

多様な要求のある精密視作業空間

　多様な視作業が混在するような空間では、照明も室全体で共通の配光で均一にという設計ではなく、個別の配光制御が望ましい。アニメーションスタジオの例（「東映アニメーション　大泉スタジオ」p.18）では、多様な作業内容や作業者の要求にこたえるため、照明器具に可動型反射板を設け、これで配光特性の個別調整を可能にしている。反射板は、ランプからの光を任意の方向へ最大限の効率で照射させることを目的としているので、鏡面反射成分によるグレアが懸念されるが、反射板に縞状に溝をつけることでグレア抑制を行っている。個別の配光に対応するための反射板の採用と、反射板からのグレア抑制のための小さな工夫が多様な視作業への対応を可能にしている。

4.7 | 実空間での昼光グレア抑制

4.7.1　昼光グレア抑制と昼光導入

　オフィスや学校などの視線が比較的水平以下にある空間では、人工照明のグレアより、昼光からのグレアが問題視されることが多い。グレアの抑制の基本は、高輝度部が目に入りにくいようにする、高輝度部の輝度を下げるで、前者は単純に窓位置、後者

昼光の変動を活かした採光装置

　エレクトロクロミックガラス(electrochromic glass)は、スマートガラス(smart glass)とも呼ばれ（とくに海外では後者の名称で呼ばれることが多い）、ガラス板の中に化学物質を封入し、電圧・電流をかけることで、色調や濃度を変えることができるガラスである。

　図1のイメージ写真のように、透視性を維持したままスムーズに透過率を変更できるため、眺望を阻害することなく、窓面輝度をコントロールでき、グレア制御が可能である。また、Low-E複層ガラス等と組み合わせることで、日射遮蔽性能に断熱性能も付加できるため、省エネ効果も期待できる。製品によって性能は異なるが、可視光透過率を約0～

70％、日射熱取得も約5～50％の範囲でコントロールすることが可能である。調光速度は、化学反応によるため瞬時とはいかないが、技術的には数分で変化可能なので、窓に利用し屋外の季節や天候に併せた制御を行うという用途では十分な速度といえよう。

（平島重敏）

図1　調光ガラスイメージ（AGC提供）

は窓面輝度抑制と考えられるが、実際には直射日光の存在により抑制方法は複雑になる。図10のように拡散フィルム等を用いた場合、直射日光に対してはとグレアを感じる視線方向やグレアを感じる位置を増やしてしまうおそれもある。

[図10] 直射日光と視線方向

太陽の動きから考えて、すべての季節、時刻で直射日光が窓からまったく入射しないようにすると、眺望や昼光を大幅に失ってしまうことになる。どこまで入射を容認するか、窓付近の空間の使用方法の工夫などが求められる。

直射日光を抑制する方法として、熱（冷房不可）的には外付けの庇、袖壁、ルーバーなどが有利である。一方、内付けのものは可動装置にしやすいという点で有利になる。オフィスなどで可動の長所を活かすには自動制御が望ましい。適切な制御アルゴリズムによって、屋外状況に合わせた省エネルギーと快適性の確保が期待できる。

固定装置（ルーバー）

窓面方位によっては外付けの固定ルーバーが日射熱負荷削減とグレア抑制のうえできわめて有効になる。「ペプチドリーム本社・研究所」（p.8）の例で

COLUMN 04-02

グレア制御と採光を両立するブラインド型装備

T-Light Blind　新宿センタービル

これまでの採光装置や日射制御装置は、建物の計画時から設置検討が必要であることや、遮光により室内からの眺望が遮られることなどの課題があった。本製品は、窓に多く取り付けられているブラインドに着目し、そのスラット（はね）を独自の形状にすることで、まぶしさの低減を行いつつも、太陽光の変化に左右されない採光、室奥への連続的な導光、眺望の確保を両立している。

ブラインド型であるので汎用性が高く、新築およびリニューアルにも適用できる利点がある。

本製品は、採光と眺望を得る天井面付近の「採光」部とグレア制御のため遮光を行う「遮光」部により構成されている。

「採光」部には、特殊な形状・表面仕上げの採光スラットが設置されている。スラット

形状は、もっとも効率的に導光可能な断面を光環境シミュレーションにより決定した。スラット角度は固定したまま年間の太陽光を室奥へ導くことができるため電動機能は不要である。スラットの表面仕上げについては、上面は鏡面仕上げにすることにより太陽光を室奥へ照射し、下面は拡散面仕上げにすることでまぶしさを抑えている。執務者付近の「遮光」部は、一般的なブラインド同様にスラットの角度変更や上げ下げを行うことができる。「採光」部のスラット角度は水平に近い状態であるため、室内から視線が通り、屋外のようすを感じることができる（図1）。
（鹿毛比奈子）

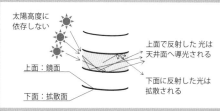

太陽高度に依存しない

上面で反射した光は天井面へ導光される

上面：鏡面

下面：拡散面

下面に反射した光は拡散される

図1　採光スラット（はね）の断面イメージ

は窓に PVC 膜の外付けルーバーを設置することによって机上面の直射日光を防ぐような設計を行っている。DGP による出現頻度検討の結果、窓面の方位が北〜東なので、3 月と 9 月の 8 〜 10 時以外は、ほとんどグレアの出現がないことが確認されている。

固定プラス可動（ルーバーとブラインド）

昼光利用装置のひとつであるライトシェルフは、室内外に出た中庇によって、上部窓を採光、下部窓を眺望というように機能を分け、両方を確保しようとするものである。採光部では中庇上面で直射日光を反射させ、室内の天井に入射させる。眺望部は中庇によって直射日光の入射を防いだ状態で、眺望や天空光を得る。採光部（中庇上部の窓）は直射日光が入射するが上向き光束のため、中庇より下に位置する在室者の目にグレアは生じない。眺望部（下部の窓）については太陽高度に対して中庇の長さが不十分な場合には、可動の遮蔽装置があるとよい。たとえば「あけぼの病院」（p.26）では多床室のライトシェルフの下窓にロールスクリーンを用いており、窓から遠い病床への採光を考慮しつつ、窓に近い病床でのグレアの抑制を図っている。

ライトシェルフと同様の考え方で、昼光利用、眺望確保、グレア抑制を達成するように設計されたブラインドも開発されている（p.105 COLUMN 04-02）。

自動ブラインドと庇

自動制御ブラインドを設置したオフィス例（p.4「SAKURA GALLERY　山櫻東京支店」）ではブラインドだけに頼らず、まずに庇を設けて直射日光の室内への侵入を減らし、併せて窓近傍に打合セスペースのような緩衝空間を設けている。また、グレアは同じ空間内でも視点位置によってその程度が異なるため、在室者情報からグレアの厳しい位置での評価によってブラインドをコントロールしている。

可変機能性ガラス

ガラスの透過率などの性状を可変にすることで、室内に入射する光量をコントロールすることはグレア抑制につながる。COLUMN 04-01（p.104）に示したエレクトロクロミックガラス（Electrochromic glass）は透明性をそのままに、透過率だけを変えることのできる調光ガラスの例である。

ただし、Thermotropic liquid crystal のような拡散性可変の場合は、ほぼ平行光線である直射日光を多方向に拡散させ、グレアを増大するおそれがあり、注意が必要である。

4.7.2　予想外のグレア

反射グレア

反射グレアは思わぬときに生じる。とくに直射日光が机や紙面で鏡面反射し目に入る場合、非常に高輝度になる。反射部の大きさはきわめて小さいことが多いが、視線を少し動かしても、高輝度部も移動するので、不快感は強くなる。窓まわりの光沢面は注意が必要である。

図 11 はブラインドスラットでの反射光である。スラットは直射日光を遮蔽しているが、視方向によってはこのような高輝度部が発生する。

[図 11] ブラインドの反射光

これを防ぐ方法として、ブラインド技術の例（p.4「SAKURA GALLERY　山櫻東京支店」）ではスラット上面は直射日光を室奥へ照射するために鏡面仕上げにしているが、下面はグレア防止のために拡散面仕上げにしている。

建物表面の反射光による光害

建物で反射した直射日光が他の建物の在室者にグレアを与える例も報告され、ひどいときは反射光の光害として問題となる。高反射塗料や反射率の高いガラスや金属、太陽電池の使用などにより、建物表面で直射日光が反射する頻度が増加している。

図 12 に窓外の正面の建物で反射した光がブラインドを通して入射している例を示す。特殊な材料を使用していなくても、トラブルとなって改修をせざるを得ない例もあり、設計時に可能な限り周辺への影響をシミュレーションしておくことが求められる。

窓面外向きに設置したカメラをセンサとしてブラインド制御を行って、建物表面での反射による第二の太陽からのグレアを防いでいる例もあるが、これではブラインドを閉じる時間が長くなる。眺望や昼光照明の点からも発生させる側のほうが注意すべきだろう。

[図12] 建物表面の反射光

4.7.3 あえて許容するグレア

　昼光は時刻、天候等で変動するので、可動型の装置がない場合、もっとも厳しいグレアを基準に制御をすると、昼光照明が期待できなくなる。昼光照明を求めるなら、グレアに対して寛大になったほうがよい場合もある。意図的にグレアを許容するオフィス例（p.12「大林組技術研究所テクノステーション」）では、窓近くを通路として利用し、開放感や生体リズムなどの昼光のメリットを優先させている。

　さらに木漏れ日のような快適なまぶしさもあり、視作業がかかわらなければ、好ましい「輝き」になる。たとえば図13のような風景は太陽と水面に映った反射光によりグレアを生じている。とくに水面では水面の動きや視線の動きで、高輝度部位置が揺らぎ、図11に示したブラインドでの反射光と似ているが、こちらは必ずしも不快とはいえない。ウォータールーバー（p.20「東京大学　総合図書館別館」）は水と昼光という危険な組合せをあえて使っており、快適さで不快グレアを上回ろうとする試みである。

[図13] 太陽と水面の反射光

　現在のグレア指標は光源輝度の揺らぎ（変動）は考慮されておらず、さらに快い刺激としてのグレアは想定されていない。昼光グレアは場合によっては許容範囲（制限値）に柔軟性をもたせたり、さらに積極的に快適グレアで相殺させたりするような考え方も必要である。　　　　　　　　　（岩田利枝）

参考文献

1) Illuminating Engineering Society of North America (IESNA). 2000. The IESNA lighting handbook. New York, USA : Illuminating Engineering Society (2011).

2) Cobbs, P.W. and Moss, F.K : Glare and the four fundamental factors in vision, Transactions Illuminating Engineering Society, 1928, pp.1104-1120

3) JIS Z 9110 : 2007 照明基準、日本規格協会

4) CIE Technical report Discomfort glare in interior, CIE 117, (1995)

5) Luckiesh, M. and Guth, S.K. : Brightness in visual field at borderline between comfort and discomfort (BCD), Illuminating Engineering 44, 650-670.1949

6) JIS Z 9127 : 2011 スポーツ照明基準 日本規格協会

7) Hopkinson, R.G. : Architectural Physics : Lighting, Her Majesty's Stationary Office, 1963

8) Tokura, M, Iwata, T, Development of a method for evaluating discomfort glare from a large source, Experimental study on discomfort glare caused by windows part 3, 日本建築学会計画系論文報告集、489、17-25, 1996

9) Wienold, J. Christoffersen, J. : Evaluation methods and development of a newglare prediction model for daylight environments with the use of CCD cameras, Energy and Buildings 38 (7) 743–757.2006

10) Wienold J., Iwata T., Sarey Khanie, M., et al. (2018). "Cross validation and robustness of daylight glare metrics". Lighting Res. Technol. 2019; 0 : 1-31 doi : 10.1177/ 1477153519826003

11) Iwata, T. Osterhaus, W. Assessment of discomfort glare in daylit offices using luminance distribution images, CIE conference on Lighting Quality and Energy Efficiency, 2009

12) Pierson, C., Wienold, J. and Bodart, M., Daylight discomfort glare evaluation with Evalglare, Buildings 8, 94, doi : 10.3390/buildings8080094, 2018

13) Wienold J., Dynamic daylight glare evaluation, Proc. of Building Simulation, 2009

14) CIE CIE 232 : 2019 Discomfort caused by glare from luminaires with a non-uniform source luminance, DOI : 10.25039/TR.232.2019

15) 日本建築学会編、建築環境工学用教材 環境編、日本建築学会、2011

16) 日本建築学会編、昼光照明デザインガイド、彰国社、2007

17) Wienold J., Dynamic simulation of blind control strategies for visual comfort and energy balance analysis, Proc. of Building Simulation, 2007

5章

空間の雰囲気

光環境を計画する際に、視作業に対する明るさだけ満たされていればよいと考える人がどれほどいるだろうか。一般的に、光環境計画といえば、室用途に応じて2章（p.78）で述べたような視認性に基づき、光の量を制御していくというイメージがあるかもしれないが、何かが必ず鮮明に見えなければならないというシチュエーションばかりではない。たとえば、団欒の場はお互いの表情がゆるやかに感じられればよいことも多いし、音楽鑑賞などメロディーに身を預けるのであれば、鮮明な視覚刺激はないほうがよいかもしれない。

重要になるのが「空間の雰囲気」である。この部分をどれだけ思いどおりにコントロールできるかが、設計者の力量を表すといっても過言ではない。そこで、本章では空間の明るさを中心に雰囲気に影響する要素をいくつか解説していきたい。

5.1 | 空間の明るさ ≠ 照度

空間印象のベースとなるものとして「空間の明るさ」がある。明るい空間なのか、暗い空間なのかをコントロールできないことには、他の印象を生み出すことはむずかしいといえよう。まずは空間の明るさについて話していくこととする。

全般照明で空間を設計する際に、JIS Z 9110[1]やJIS Z 9125[2]に定められる照度の値を手掛かりにすることが一般的である。とても長く広く使われてきたものではあるが、知っておいてほしいことが2点ある。1つ目は、用途に応じた視作業を満たすための手掛かりととらえられていることもあるが、実際は、用途に応じた「視作業＋空間の明るさ」を決定する指標であることだ。実際、前述のJISには、「それぞれの視作業に対して要求される条件」「安全性」「視覚快適性や心地よさのような心理・生理的要因」「経済性」「実際の経験」に基づいて維持照度が定められていると記されている。

オフィスを例に説明しよう。まず、「安全性」という観点から、労働安全衛生規則第604条[3]を参照するともっとも高い水準の「精密な作業」で300 lx、「普通の作業」では150 lxとある。「視作業のために要求される照度」としては、2章「視認性」（p.78）でも紹介されている原らが示した「等読みやすさ曲面」（図1）[4]がある。これによると20歳代の被験者が、白紙（反射率80%）に黒字（輝度対比0.8）で書かれた9.5ポイントの文字を30 cm離れた距離から読んだ際、80%の人が読みやすいと回答する照度は約120 lxと導出される。加えて、高齢者の視覚特性を考慮するために、岡嶋らの研究[5]に基づき、若齢者の2～3倍以上を確保する必要があるとしても360 lxとなる（ちなみに、引用文献[5]は域レベルを扱っているので、この仮定はかなり安全側である）。

以上を併せて考えると、視作業を満たすためなら400 lxもあれば十二分ということになる。しかし、維持照度は750 lxである。余剰分は、「視覚快適性や心地よさのような心理・生理的要因」「経済性」「実際の経験」のための光量である。

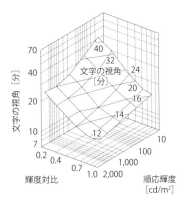

[図1] 等読みやすさ曲面

2つ目は、上記に関連して、視作業以外の要素の

ための光量は机上面照度で定義されるべきではないということである。机上面照度は文字どおり机上面に到来している光量を示すものであって、空間印象まで背負わせるのは荷が重いのだ。たとえば、図2に示す N4.5 と N9.5 で構成された空間を見てみよう。N4.5 や N9.5 というのは、マンセル表色系の表記方法で、N は無彩色を意味し、数値で明度が表され、数値が大きいほど明度が高いことを意味する。簡単に表現するなら、内装反射率が異なる2つの空間ということである。それぞれの空間の床面照度が 500 lx となるように調整されているのだが、空間印象が同じとは感じられないだろう。この例からも、照度だけを手掛かりに照明設計をしても、空間印象は大きく異なることがわかる。

とりわけ、空間の明るさの印象は大きく異なる。内装材が N4.5 の空間のほうが N9.5 の空間より暗く感じるだろう。かなり極端な事例ではあるが、特定面の照度に頼りすぎた照明設計は、狙った明るさの印象創出に、失敗するリスクがあることを理解いただけるだろう。

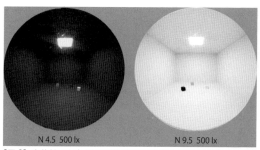

[図2] 内装材の明度が異なる同じ床面照度の空間（N4.5 と N9.5 の比較、500 lx の例）

5.2 | 空間の明るさ ≒ 輝度

では、図2に示した空間が、なぜ同じ空間の明るさの印象を導かないのか。それは輝度が異なるからである。光に関して学んだことがある人であれば、図3のような図を見たことがあるだろう。照度はある面に入射している光の量にすぎず、人の目に届く光の量を表すものではない。われわれの目に到達している光量を示すのは輝度であり、ある面に同じ光量が照射されていても、その面の反射率が低ければ、目に届く光量は少なくなり、印象も暗くなる。

これを反映するように、空間の明るさと対応する

物理量を検討した研究[6]〜[11]は数多くあるが、いずれも輝度分布に基づいている。

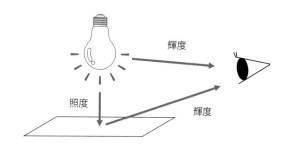

[図3] 照度と輝度の関係

5.3 | 特定面の照度から複数面の輝度設計へ

前述したとおり、照度だけを手掛かりにすることの難点は、人の目に届く光の量を表すものでないことに加えて、特定面だけで空間全体の照明を決定してしまうことにもある。

前述したとおり、照度だけを手掛かりにすることの難点は、人の眼に届く光の量を表すものでないことに加えて、特定面だけで空間全体の照明を決定してしまうことにもある。

この問題に対応すべく、床面や机上面以外における設計指標の必要性から、天井面や壁面に関する目標値を示すものが出てきている。1つは欧州規格（DIN EN 12464-1)[12]で、机上面照度に加えて天井面・壁面照度を設定している。もう1つは、AIJES-L0002「照明環境基準・同解説」[13]であり、空間の明るさを確保するためのアンビエント照明と、視認性や視作業性を確保するためのターゲット照明をわけ、個別に制御するという考え方を示し、アンビエント照明の最低推奨値として天井面・壁面輝度（表1）を定めている。

どちらも、天井面や壁面へと拡張された点で、以前に比べて前進しているわけだが、照度と輝度の違いはそれぞれの指標に込めた考えに大きく違いがある点にも言及しておきたい。照度は計算が容易で、従来の計算システム（シミュレーションソフトなど）が利用できることから導入しやすい。一方で輝度を指標に定めることは、計算システムの再構築といった技術面の問題もあるが、それよりも内装材の決定が必要不可欠となることのほうが影響が大き

い。照明設備設計と意匠・インテリア設計が別々に行われるプロセスからは、よい空間が生み出されるわけがなく、つまりこの指標には、双方が連携して計画を進めていくべきであるというメッセージが込められているのである。

[表1] AIJES-L0002 天井面輝度・壁面輝度の抜粋※

作業、活動または用途	対応する室または空間の例	L_{wm}	Lcm	ターゲット面	E_t
事務	事務室	20	15	机上面	500
会議、集会	会議、集会室	15	10	机上面	300
書庫作業	書庫	10	7.5	床面	200

凡例（記号）L_{wm}：壁面平均輝度（cd/㎡）
　　　　　　Lcm：天井面平均輝度（cd/㎡）
　　　　　　E_t：ターゲット面の照度（lx）
他に、屋内統一グレア評価方法によるUGR、演色性評価数 R_a、ターゲット面の照度均斉度 u_r についても記載がある。

※その値を下回らないように設計するための目安であることに注意（設計目標値ではない）

5.4 | タスク・アンビエント照明の考え方

　視作業のための明るさ（タスク）と空間の印象を導くための明るさ（アンビエント）を相互に検討する必要があるが、それを代表する照明手法の名称として、タスク・アンビエント照明がある。これは目的に応じて光量を分配することがメリットなのだが、活かされていないことが多い。たとえば、オフィス等で図4のように従来の全般照明にデスクライトをプラスして、全般照明の出力を下げるという手法が用いられることがある。

　そもそも、全般照明だけで運用していたときは、天井からの光によってタスクもアンビエントも満たそうとしているため、視作業に重要なタスクに多くの光が入射するよう下方配光にメリットがあったが、タスク照明を導入することで、全般照明の主目的が机上面を照らすこととすることは意味がないのである。これでは、タスク・タスク照明とでも呼ぶべきか、せっかく2種の照明手法を用いているのに、役割分担がまったくできておらず、残念な状況である。

[図4] 一般的なタスク・アンビエント照明（悪い例）

　では、正しいタスク・アンビエント照明を実現するためにはどうすればよいのか。光は次式で示す距離の逆二乗則にあるように、同じ光度でも受照面の距離が離れるほど、照度は低くなる。

$$E = \frac{I}{r^2} \cdot E$$

E：照度　I：光度　r：光源から受照面までの距離

　つまり、遠くから照射するほど、面を明るくするという観点では効率が悪いため、明るくしたい場所の近くから照らすというのが理想的である。

　たとえば、「ペプチドリーム」（p.8）でも用いられているが、図5に示すように吊下げ式の照明器具などで、天井面に近い位置から天井を照らし、手元はタスクライトで必要な光量を満たすという方法がある。これは、図中の一点鎖線の領域は、光が満ちていても人は知覚することができないので、無駄になってしまう光を削減するという点でも優れている[注1]。

ここにある光は空間の明るさにも机上面の明るさにも寄与しない

[図5] 理想的なタスク・アンビエント照明（良い例）

　この手法は、とくに新しいわけではなく、図6に示すように、かのル・コルビュジエ（Le Corbusier）もサヴォア邸（Villa Savoye）で用いている。照度基準などがなかった時代の建築家は、その

注1）ここではオフィスのようにタスクが机上面と限定されている場合を例にしているが、「サオリーナ」（p.○○）のように、どこを飛ぶかわからない空中のボール等が、十分に視認できる必要があるような場では、光が空間全体に満ちている必要があるため、面を照らさない光も必要となる。光を空間全体に満たす方法については、5.7を参考にしてほしい。

値に縛られることなく、どこに光を与えるべきか、適切に判断していたことを示すよい例であろう。

[図6] サヴォア邸の内部

　天井高さの関係で、吊下げ式器具の設置がむずかしいケースでは、「柏たなか病院」（p.30）のようにコーニスやコーブ照明など建築化照明の手法を用いるのも効果的である。病院のような空間で臥位を想定する必要がある場合、天井面の光源をまぶしく感じさせない効果も期待でき、両面から好ましい方法といえよう。

5.5 | 昼光を含む空間の明るさコントロール

　窓がある空間では、図7のように昼光で照度が得られる分、人工照明の出力を低くするという設計が多く見られる。しかしながら、窓があると屋外の明るさによって順応レベルが引き上げられるため、同じ照度で同じ印象とはならない。

[図7] 昼光連動制御のイメージ

　最近はあまり語られないが、1960 〜 70年代にPSALI（Permanent Supplementary Artificial Lighting in Interiors）という考え方があり、日中は昼光が主光源で、不足分を人工照明で補うが、室外が明るいときほど、室内の人工照明を明るくしてバランスをとるべきとされていた。松田が示した文献[14]を引用するとPSALIの目的は以下のとおり記述されている。

（1）必要照度を満たすため、採光設計による自然光だけでは得られない不足分を補う。

（2）窓外の明るい空が見えることによって目の順応が高くなり、室内が薄暗く感じられることを防ぐ。すなわち人工照明により室内の輝度を高め、空のグレアの影響を防ぐ。

　（1）は現状にも通じる一般的な考え方であるが、特徴的なのは（2）である。室内の明るさの印象を確保するために、人工照明によって輝度を高めるとされているのである。実際、Hopkinsonら[15]が窓から見える高度5°の天空輝度とそれにバランスする人工光照度との関係を示した図8のグラフを見ると、天空輝度が高くなるほど、人工照明によって補助される照度の値が高くなっていることがわかる（本来であれば、直射日光も天空光もダイレクトに入射することがない窓の設置されている壁面の輝度を高める必要があるため、図8の縦軸は照度ではなく輝度で示すべきだが、当時は全般照明を用いる前提で照度が輝度を代弁しているとの考えに基づくものと考えられる）。

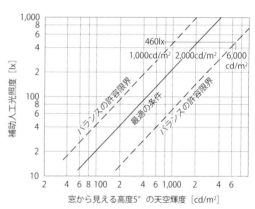

[図8] 窓から見える天空輝度とバランスする補助人工光照度

　PSALIの考え方は国際的に合意されていたが、その後のオイルショック等でエネルギー問題のほうが、視的快適性よりも重要視され、先に示したような昼夜問わず一定照度を満たす照明制御が主流派となった。しかし、LEDの導入による省エネルギー化とブラインド等による窓面輝度の制御技術向上に

より、ただ人工照明の出力を上げるということだけでなく、窓面輝度の抑制という選択肢も増え、再度空間の明るさの印象を確保するといった視的快適性に即した補助照明に回帰し始めている。たとえば、COLUMN 05-03（p.116）の照明制御は、明るさを一定に保つようにブラインドと人工照明の出力制御を行っており、PSALIと同様に窓に近いほど人工照明の出力が高くなるように制御されている。

[表2] 窓面輝度に対する75%許容壁面輝度

反射率（%）	窓面輝度（cd/㎡）	窓の立体角（ω）					
		0.05	0.10	0.20	0.40	0.80	1.00
30%	500	21	29	41	57	79	88
	1,000	35	48	67	94	131	146
	2,000	57	79	111	155	216	240
	4,000	94	131	183	255	355	395
50%	500	35	49	68	95	132	147
	1,000	58	80	112	156	218	243
	2,000	95	132	185	258	359	400
	4,000	156	218	304	424	592	659
70%	500	49	68	95	133	185	206
	1,000	81	113	157	219	305	340
	2,000	133	185	259	361	503	560
	4,000	219	305	426	594	829	922

また、窓面輝度に対して室内平均輝度に求められる平均輝度（以下75%許容壁面輝度とする）を導出する式[16]も提案されている。表2に内装反射率別に式より求めた75%許容壁面輝度一覧を示す。これは、執務室であるという前提のもとに評価された結果であるが、壁や天井など内装の反射率が高いほど高輝度を求める傾向があり、窓の立体角（窓の見かけの大きさを意味する）でわかるように窓から離れるほど平均輝度は低くてよい。

5.6 | 空間の明るさに影響する要因

空間の明るさ予測式はさまざま提案されている。照明設計の現場からは、どれを使えばよいのかわからないとの意見が多く聞かれるが[17]、実際は多少の違いはあるものの、基本的な考え方は共通している部分が多い。大きく分けて空間の明るさに影響する要因は2つである。

（1）平均輝度

大まかな空間の明るさを把握したいのであれば、明るさを推定したい範囲の平均輝度を算出すればよい。この平均輝度の増減が、空間の明るさの増減と対応すると考えてよい。平均輝度をシミュレーションする方法がないという人は、比較的手軽に求められる照度分布と内装反射率から、次式で輝度分布に変換するという手もある。

$$L = \frac{\rho}{\pi} \cdot E$$

L：輝度、ρ：内装反射率（均等拡散面を仮定）
E：照度

また、内装反射率がわからないという声もあるが、マンセル表色系の明度（V）がわかれば下記の簡易式で近似値を得ることができる。

$$Y \fallingdotseq V(V-1)$$

Y：反射率、V：明度　ただし2＜V＜8の範囲で有効

求めた輝度分布から平均輝度を求める際において、幾何平均と算術平均があるが、執務室を想定して設定したシーリングライトやウォールウォッシャー、ペンダントライトの空間において比較をしたところ、算術平均輝度のほうが空間の明るさと一致する傾向が確認されている[18]ため、算術平均輝度を用いることをおすすめする。なぜ、そうなるのかといった視覚的なメカニズムまでは解明されていないが、照明で長く使われている照度も重み付けは違うものの、値のもつ意味は算術平均値であり、ある一定の納得感はある。ちなみに、値の増減を比較する場合は、ウェーバー・フェヒナーの法則（Weber–Fechner law）で知られているとおり、対数で考えるのは従来どおりである。

（2）輝度分布の変動

空間の明るさは平均輝度が同じであっても、分布にムラが生じると印象が変化する。しかも、ムラの生じ方によってその傾向が異なるのだからやっかいだ。たとえば、ル・コルビュジエの「ロンシャンの教会」のように細かい窓がたくさん設置されている場合と、ふつうの住宅のように壁の中央に窓が開い

COLUMN 05-01

カラーガラスの進化

　カラーガラスとはガラスの裏面に特殊塗料をコーティングして焼き付け、ガラスに多彩な色を与えた壁装材である。その特徴は、ペンキ塗装やタイル貼りと異なり、ガラスならではの際立った平滑性、そして透明感あふれる色彩がもたらす反射性と硬質感である。その反射性による映り込みは奥行きと広がりを与え、硬質感は品格と華やぎを空間に与える。また、表面にフロスト加工を施すことによって、マットな質感を表現するものもあり、柔らかく光を反射することなど、その表現力は多彩である。

　従来、素材がガラスであるがゆえの割れやすい、重いといった安全性、施工性の懸念があり、日本では広く普及していなかったが、近年では、カラーガラスと発泡樹脂を接着した複合製品の開発によって、従来のカラーガラスと意匠性・特徴はそのままに重量を40〜60％カットする軽量化を実現し、施工性が大幅に向上した。安全性に関しても、万が一ガラスが破損しても樹脂全面貼合により飛散防止性を有するため優れており、オフィス・店舗のみならず、住宅への適用も可能となっている。

（平島重敏）

カラーガラス施工例（住宅）（AGC 提供）

ホワイトボードとスクリー機能を兼ね備えたカラーガラス（AGC 提供）

ているようすを模式化した図と考えると理解しやすいだろうか。表4は単純化して示しているが、高輝度部分と低輝度部分の対比が 10 cd/㎡：85 cd/㎡（数値は仮なのでとくに意味はない）と同じときでも、左図のように小さい立体角で数多くの高輝度部分が分散配置されているような細かい変動（以下 A）は、空間の明るさを上昇させる効果があるが[19]、右図のように高輝度部分の立体角が大きく、集中して存在する場合といった大きな変動（以下 B）はマイナスに働く傾向[8]がある。

[表3] 輝度の変動のイメージ図

A. 変動が細かい	B. 変動が大きい
空間の明るさを上昇	空間の明るさを低下
算術平均：22.0 cd/㎡	算術平均：22.0 cd/㎡
幾何平均：14.1 cd/㎡	幾何平均：14.1 cd/㎡

　先ほど示した窓の例以外にも例をあげると、地下鉄の通路で高輝度のデジタルサイネージが設置されているなど大面積の発光部が室に存在すると、輝度分布が均一で同じ平均輝度の空間よりも空間の明るさは低下し、シャンデリアなどの小さい発光部でキラキラと高輝度な部分が生じている場合は、空間の明るさが上昇するといった具合だ。

　なお、大きい変動と細かい変動の境界は、明確には特定されていないが、坂田らによると[11]立体角で 0.02〜0.1sr あたりに境界があることが示唆されている。この値を参考に、明るさ感を上昇させたいか低下させたいかで、分布をコントロールすればよい。なお、その変化の程度については、十分な研究データが集まっていないため、残念ながら定量的には示すことができないが、大きい変動による空間の明るさの低下効果の方が強いことはわかっている。空間の明るさの印象を上昇させることのほうがむずかしいのである。

　そして、算術平均輝度をすすめると前述したが、サンプリング間隔（シミュレーションを行う際に輝度分布をどの程度細かい間隔で取得するか）の観点でも、算術平均輝度のほうがよい。幾何平均輝度は、同じ空間でもサンプリング間隔によって、計算結果の値に違いが生じてしまうからである。たとえば、

表1に示した輝度分布を4 pixcelごとに平均して解像度を低下させると、表4のような分布となる。表3での幾何平均輝度は、ABどちらも14.1 cd/㎡であるが、表4ではAは16.6 cd/㎡、Bは17.6 cd/㎡となり、値に違いが生じてしまう。同じ空間なのだから空間の明るさの印象が異なるはずはなく、この値の違いは誤差ということになる。一方で、算術平均輝度はいずれも22 cd/㎡と同じ値となるため、解像度の影響は生じない。

[表4] 輝度分布の解像度を低下させた場合

A. 変動が細かい	B. 変動が大きい
算術平均：22.0 cd/㎡	算術平均：22.0 cd/㎡
幾何平均：16.6 cd/㎡	幾何平均：17.6 cd/㎡

なお、変動の影響を予測する手法としていくつかの指標が提案されているが、かなり細かい計算が必要になるため、ここでは割愛する。より精緻な予測に興味がある人は、ぜひ先に示した文献[8)10)11)]を参考にしてほしい。

（3）そのほか（色温度、彩度、光源の位置など）

基本的には、上記の2点（算術平均輝度、変動の影響）で空間の明るさを予測・評価しても大きな問題はないが、ほかにも影響を与える要因があるので紹介しておきたい。

まず、色温度の影響である。色温度は高いほど空間の明るさの印象は上昇する傾向にある[20)]。ただし、その違いは大きくなく、それほど神経質になる必要はない。また演色性が低いと空間の明るさが低下するとの報告[21)]もあるが、昨今におけるLEDの普及状況から見ても、極端に演色性が低いものはほとんどなく、この影響が生じることも少ないだろう。実際の空間の中では明るさの印象よりも、どの程度の空間の明るさを求めるかということのほうが大きく影響する。

空間の明るさに対する知見ではないが、色温度に

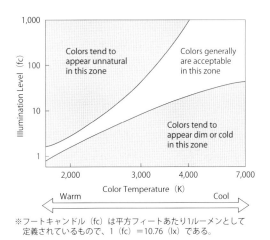

※フートキャンドル（fc）は平方フィートあたり1ルーメンとして定義されているもので、1（fc）＝10.76（lx）である。

[図9] クルイトフ曲線

よって好ましい照度範囲が異なると示したクルイトフ曲線（Kruithof curve）[22)]がある。色温度が低いときには低照度が好まれ、高色温度になるほど好まれる照度の範囲が広くなるとともに、高照度が好まれるという傾向を示したものである。実験当時の光源は太陽光や白熱電球であり、現在のLED等では、この結果に必ずしも合致しない可能性があることと、いくつかの研究では同様の結果とならない部分が生じるとの報告[23)]もあるので、その扱いは慎重であるべきである。しかしながら、自然界で生じる太陽の色温度と照度の関係から考えると理解しやすく、古くから続く考え方であるため、この知見の影響を受けて創造されてきた空間が多く存在し、見慣れていてわれわれの感覚として不自然に感じなくなっている可能性もあり、ひとつの手掛かりとはなり得るだろう。

つぎに、色彩の影響である（先ほどの色温度は光色の話だが、ここで対象としているのは物体色である）。白、グレー、黒など無彩色の空間よりもオレンジ、グリーン、ブルーといった有彩色が使用された空間のほうが明るさの印象が上昇する傾向にあり、彩度が高いほど上昇の程度が大きいとの報告[24)]がある。これは、同じ輝度であっても彩度の高い色を明るく知覚するヘルムホルツ - コールラウシュ効果（Helmholtz-Kohlrausch effect）[25)]の影響と考えられる。

また、色の面積効果も併せて考えておく必要があるだろう。インテリアを考える際に、内装や家具・カーテンなどのファブリックをどのような色にす

吊下げ式上下配光による全般照明

大成建設技術センター ZEB 実証棟

従来の全般照明方式は下向き配光のみだが、本照明計画の光は、執務作業を確保する下向きの光に加えて、天井面の明るさをもたらす上向きの光を（採光装置と上向き LED 照明）を併用することで光の質と省エネルギー性の両立を実現している。

採光装置は、直射日光を室内の天井面へ反射し、柔らかく天井を照らし、上向き LED 照明は、採光装置で導光した昼光の量を明るさセンサで感知し、減光・消灯制御される。昼光が望めない場合（夜間を含めて）においても 75cd/㎡ の輝度を確保している。下向き LED 照明は、人検知センサによる人の在／不在情報と連動して照明を点灯または消灯させているが、上向きの光があることで、空間全体の明るさの連続性を大きく阻害することがない。

上向きの光＋下向きの照明による机上面照度は 300 lx と低照度［図1］であるため、個人の好みによって調整できるタスクライト（最大出力 500 lx）も設置している。実際の運用では、採光装置や上向き LED 照明により空間が明るく感じられるため、タスクライト利用率はかなり低く抑えられている。（鹿毛比奈子）

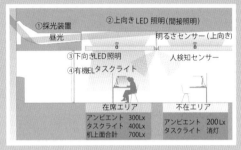

① 採光装置　② 上向き LED 照明（間接照明）
昼光　明るさセンサー（上向き）
③ 下向きLED照明　人検知センサー
④ 有機ELタスクライト

	在席エリア	不在エリア
アンビエント	300Lx	200Lx
タスクライト	400Lx	消灯
机上面合計	700Lx	

図1　コンセプト

るかという選択を、小さい色票（サンプルなど）で行ってしまうことがあるが、色の知覚は、面積が大きくなると、明度と彩度が高く感じられる傾向がある（色相に変化はない）[23]。内壁のペンキを塗ってみたら、思ったよりも明るく鮮やかになりすぎて、設計のイメージと異なってしまい、塗り直しせざるを得なかったということは珍しい話ではない。また、無彩色であっても、白い壁にしたいと思って、明度の高いものを選んだら、あまりに白くて空間をまぶしく感じてしまうこともある[24]。輝度を手掛かりに空間の明るさを設定するだけでなく、空間を構成する色彩の影響も考慮しておくとよいだろう。

そして、光源の位置の影響も考慮する必要がある。図10 に示すように、同じ光源が天井と床面に設置された場合、輝度分布は上下が 180° 入れ替わるだけで平均輝度は同じになる。しかし、内在者の視点から考えると、天井に設置されているときは、上から照らされるため、目線から見える部分が明るくなる傾向があるのに対し、床に設置されているときは下から照らされ、たとえば腕をあげた場合、二の腕など裏側が照らされても見えないので光があることを知覚しづらく、明るいと感じられない。この結果、2 つの空間に対する明るさの印象は異なるものになる。この傾向は、内装反射率が低いほど顕著となるため計画する際に留意する必要がある。

天井に光源　　　　床に光源

［図10］光源の位置による照らされる部分の変化

空間の明るさを計画する際に間違えないでほしいことは、明るい印象であるほどよいわけではなく、暗いからこそよいという空間もあるということである。そんなことは当たり前だ、という声が聞こえてきそうだが、適当であることの重要性を改めて認識してほしい。こんなことを書くのは、もし視認性が

確保されたうえで「空間が暗い」とのクレームが来た場合、空間の用途と空間のめざすイメージに対して、何かがチグハグとなっていないか疑ってほしいからである。照明にくわしくない人は、何かの違和感を覚えたとき、もっとも表現しやすい言葉として「明るさ」を用いることがある。「明るさ」を満たすことで、不満が収まることは多いが、その解決法が、ご飯に例えるととりあえず美味しいか美味しくないかは置いておいて、とにかくお腹いっぱいになるよう量をいっぱい食べさせることで満足させよう、といったものでないか、とぜひ、立ち止まって考えてみてほしい。

5.7 | 光の質感をコントロールする

空間の雰囲気をつくり出す要素として、光の質感がある。中でもよく耳にするのが、「やわらかい」光という表現である。実際にはふれることができな

いのにもかかわらず、触感に使われる言葉で表現することは大変興味深いが、このような印象を生み出す要因のひとつに陰影の影響がある。

物体に生じる陰影に対しては、モデリングに関連して、ベクトル・スカラー比が示されている。一方で、空間内に生じる陰影に関しては、陰影の輝度分布の傾きがゆるやかになるほど「やわらかい」といった印象が増す[27]。

室内に生じる陰影は、入射する光の指向性（人工光源の場合は配光特性）と内装材の反射特性、内装反射率に影響を受ける。この3つの要因について説明しよう。

（1）入射する光の指向特性

入射する光の指向特性は、透過面の特性によって図11のように段階的に異なる。正透過であれば、直射日光などは方向を維持したまま室内に入

射し、完全拡散なら太陽高度にかかわらず全方向に光が広がる。図12は、窓の透過特性が正透過と完全拡散のガラスを設置し、昼光の入射状況を撮影したものである。下段の写真のように、正透過であれば、太陽高度に応じた平行光が室内に入射し、壁や内部の物体に遮られて生じる陰影の部分と、直接光が到達する部分の輝度対比は、輪郭をクリアに維持し、陰影が鮮明に出現する。上段の完全拡散では、入射光がさまざまな方向へ向かうため、陰影はグラデーションとなり、輝度対比が緩和される。COLUMN 03-03（p.90）で紹介したガラスによる眺望の透視性の変化と併せて、光の性質という観点も踏まえて選択してほしい。

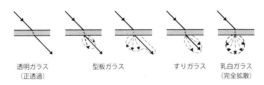

[図11] 透過面の違いによる光の振る舞いの変化

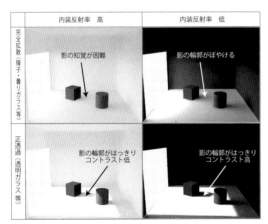

[図12] 開口部の透過特性の違いによる陰影の変化の様子

（2）内装材の反射特性

　内装材の反射特性の影響は、図13に示すように、1次反射後の光の振る舞いが、透過特性と同様の傾向となる。窓の反対側などに大理石などの鏡面性（正反射）の高い素材を用いた場合は、輪郭のはっきりした影が、窓の光によって出来る影と反対側も生じる。古くから用いられている日本の内装材は、漆喰や土壁、ふすま（和紙）など、拡散性の高い素

[図13] 反射面の違いによる光の振る舞いの変化

材が多く用いられてきたが、明治維新以降の洋風化の浸透に伴い、大理石やタイルなど鏡面性の高い素材も導入されてきた。昨今では、COLUMN 05-01（p.113）に示すカラーガラスのような素材も提案されており、選択の幅が広がっている。鏡面性の高い素材は、空間印象に視覚的変化をもたらすとともに、清掃等の観点でも利点があり、事例に示されているようにホワイトボード代わりとなり、水まわりにも適している。ただし、反射グレアを生じさせたり、多面に用いると複数の陰影が生じる難点もあるため、部分的な利用に留めるなど、配慮した利用が必要である。加えて、鏡面性が高い素材は、音響的にも吸音率が低い傾向があり、会話などの明瞭性が低下する可能性がある。会議室や教室などで利用する際は、使用する面積や場所を複合的に判断することをすすめる。とりわけ、幼児期は大人や小学生と比べて騒音下での言葉の聞き取りが困難で、言語発達への影響も指摘されるなど[29][30]、重要であるため、保育園や幼稚園などは、吸音性の高い材質（吸音材等）と組み合わせて使用するなど、とくに配慮をしてほしい。

（3）内装反射率

　内装反射率は、1次反射以降の拡散光の量（間接照度）を変化させる。間接照度の簡易計算式として次式がある。

$$E = \frac{F}{S(1-\rho)}$$

E：照度　F：光束　S：表面積
ρ：平均反射率

　完全拡散の反射特性をもつ内装材で構成された空間において、光は空間内の表面に何回も反射を繰り返すことで、入射する光の量が均一化されていくと仮定できる。その結果、天井・壁・床と部位を問わず間接照度に差が生じない（厳密には少々異なるが）。

図14に示すイメージ図を見てほしい。左側に窓があり、室の奥に行くにつれて実線で示す直接照度が減少していくが、両矢印で示す間接照度が全体に同じ量加算され点線となる。直接照度でつくられた照度分布は開口部の大きさや位置で決定されるのに対して、両矢印の増分を内装反射率によってコントロールすることになる。たとえば、窓際で直接照度が1,000 lx、室奥で100 lxだったとき、間接照度がない場合は、10：1の対比となるが、間接照度が500 lxだったとすると、15：6 = 5：2の対比になる。このように、間接照度は対比を軽減し、濃淡の印象を緩和する効果がある（図12参照）。

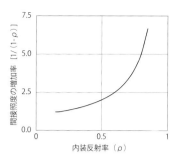

［図15］内装反射率と間接照度の増加比率

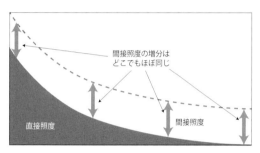

［図14］直接照度と間接照度の関係（イメージ図）

当然のことながら、陰影が生じている部分と生じていない部分との対比にも影響する。陰影を強く知覚させたい場合は内装反射率を低く設定するとよい。ただし、陰影を知覚させるための照射面の反射率はある程度確保しておかないと、陰影そのものを知覚できないので、その点にも留意が必要となる。

なお、先に示した式で理解いただけると思うが、図15に示すように反射率の上昇に対し間接照度のほうが急激に増加するので、このことを理解して反射率の選択をしてほしい。

これらの3要素を使い分けている例として、コンクリートの壁に設けられた十字架形の開口部から入射する光が印象的な安藤忠雄の「光の教会」がある。あの壁面の空隙がつくる十字架があれほど美しく、かつある種の緊張感を生み出しているのには、開口部の透過特性が正透過であり、加えて内装反射特性が拡散性であることで余分な影や光沢が生じず、反射率が低いことでコントラスト高く表現でき

ているからである。「ペトロの家（小聖堂）」（p.58）についても、入射面のガラスに適度な拡散性を加えスポットライトのように入射する太陽光の輪郭をぼやけさせ、床面の反射率を低くすることで室全体の平均反射率を下げながらも、光の照射面となる壁は反射率を適度に高く設定することで、光のグラデーションを知覚させるなど、上手にコントロールされている。

一方で、「SAKURA GALLERY 山櫻東京支店」（p.4）では、開口部の透過特性が完全拡散に近く、内装反射率も高いため、方向性のない光で満たされ、やわらかな印象を生み出すとともに、視作業などを行う空間では、手暗がりなども生じないため適しているといえよう。

いずれも、偶然の産物などではなく、どのような素材や色、反射率を選び、そこにどのような性質の光をどの方向から与えるのかを綿密にコントロールすることで生み出されたものである。本稿が、新たな光の空間を生み出すヒントとなれば大変うれしい。

（加藤未佳）

参考文献

1) JIS Z 9110 照明規準総則（2011 年改正版）

2) JIS Z 9125 屋内作業場の照明規準（2007 年制定版）

3) 労働安全衛生規則 第 4 章 採光及び照明（第 604 条 - 第 605 条）（2015 年改正版）

4) 原直也他：文章の読みやすさについての多様な設計水準に対応する視視 3 要素条件を示す「等読みやすさ曲面」、日本建築学会環境系論文集 第 575 号、pp.15-20（2004）

5) 岡嶋克典：高齢者の視覚特性と必要照度、照明学会誌 第 96 巻、第 4 号、pp. 229-232（2012）

6) Loe, D. L., Mansfield, K. P., Rowlands, E：Appearance of lit environment and its relevance in lighting design：Experimental study, Lighting Res.Technol. 26（3）, pp.119-133（1994）

7) 小林茂雄、中村芳樹、木津努、乾正雄：空間の輝度分布が室内の空間の明るさ感に与える影響、日本建築学会計画系論文集、No.487、pp.33-41（1996）

8) 加藤未佳、太田裕司、羽入敏樹、関口克明：光の到来バランスを考慮した空間の明るさ感の評価、日本建築学会環境系論文集 68 巻 568 号 pp.17-23（2003）

9) 山口秀樹、篠田博之：色モード境界輝度による空間の明るさ感評価、照明学会誌、Vol.91、No.5、pp.266-271（2007）

10) 高秉佑、魯斌, 古賀誉章、平手小太郎：輝度のばらつきを考慮した空間の明るさ感の予測に関する基礎的研究、照明学会誌, Vol.97, No.8, pp.429-435（2013）

11) 坂田克彦、中村芳樹、吉澤望、武田仁：日本建築学会環境系論文集 82 巻 732 号 pp.129-138（2017）

12) EN 12464-1:2011,Light and lighting - Lighting of work places - Part 1: Indoor work places

13) 日本建築学会環境規準 AIJES-L0002-2016 照明環境規準・同解説、日本建築学会

14) 松田宗太郎：PSALI とは、照明学会誌 56 巻 5 号 p.269（1972）

15) R. G. Hopkinson, J. Longmore：The Permanent Supplementary Artificial Lighting of Interiors, Trans. Illum. Engng 24（1959）121

16) 水木祐太 他：昼光利用における窓面と壁面の好ましい輝度対比に関する研究 その 3 －まぶしさ評価とコントラストバランスの許容範囲－、日本建築学会大会学術講梗概集（2013）

17) 加藤未佳：空間の明るさ設計の現状－アンケート調査結果の報告－、照明学会誌 Vol.103、No.12、pp.503-506（2019）

18) 加藤未佳、沼尻恵、山口秀樹、岩井彌、坂田克彦、鈴木直行、原直也、吉澤望：空間の明るさ指標としての画像測光による平均輝度の適用性の検討、日本建築学会環境系論文集 84 巻 766 号、pp.1059-1066（2019）

19) Akashi, Y., Tanabe, Y., Akashi, I. and Mukai, K.：Effect of sparkling luminous elements on the overall brightness impression：A pilot study, Lighting Res. Technol. 32（1）, pp.19-26（2000）

20) 加藤未佳：光源の色温度が空間の明るさ感の知覚レベルと生活行為ごとの要求レベルに与える影響、日本建築学会学術講演梗概集 環境工学 I、pp.515-518（2016）

21) 金谷末子、橋本健次郎：ランプの演色性と明るさ感、照明学会誌 67 巻 Appendix 号 p.111（1983）

22) たとえば Kruithof A. A.：Tubular Luminescence Lamps for General Illumination. Philips Technical Review. vol.6, pp.65-96（1941）

23) Steve Fotios：A Revised Kruithof Graph Based on Empirical Data, LEUKOS, 13：1, 3-17, DOI：10.1080/15502724（2016）1159137

24) 山口秀樹、篠田博之：視野の色彩分布が空間の明るさ感に与える効果、日本建築学会学術講演梗概集 環境工学 I、pp.129-130（2012）

25) VA. Kohlraush, Zur Photometrie fabiger Lichter, Das Light, 5, pp.259-275（1935）

26) 佐藤仁人、中山和美、名取和幸：壁面色の面積効果に関する研究、日本建築学会計画系論文集 67 巻 555 号、pp.15-20（2002）

27) 青森県立美術館 面白い空間が一部の高齢者の不満に、日経アーキテクチュア 2010 年 2 月 8 日号、pp.40-42

28) 加藤 未佳、関口 克明：影から判断する光のやわらかさ、日本建築学会環境系論文集 78 巻 685 号、pp.255-26（2013）

29) 川井敬二：幼児の言葉の聞き取りに対する室内音響条件の影響 実音場における音節明瞭度試験、日本建築学会大会学術講演梗概集、pp.103-104（2018）

30) Guidelines for Community Noise, World Health Organization, Geneva（1999）

6章

光と健康

6.1 | 紫外放射と上手につきあう

　光による健康影響としてもっとも身近なものは、紫外放射による日焼けやシミ・しわなどの悪影響であろう。太陽からの放射エネルギーのうち、私たちの日常生活でこのような悪さをする紫外放射は、UV-A（波長 315 ～ 400 nm、長波長紫外線）と UV-B（波長 280 ～ 315 nm、中波長紫外線）である[1]。UV-B は皮膚にサンバーンやサンタンといったいわゆる火傷のような状態、急性反応をもたらす。UV-A は、皮膚の老化といった慢性的な反応に関係している。ちなみに UV-C（波長 100 ～ 280 nm 以下、短波長紫外線）は、オゾン層が破壊されない限り、オゾン層によって吸収されるが、曝露されると生体の DNA を損傷させるリスク（ヒト細胞の突然変異やがん化など）がある[2]。

　太陽からの UV-A、UV-B とも地上には到達するものの、図1に示すとおり、建築内部では UV-B は窓ガラスによってほぼ防ぐことができる。熱線吸収ガラス、熱線反射ガラス、Low-E ガラスのような着色ガラス、金属膜でコーティングされたガラス

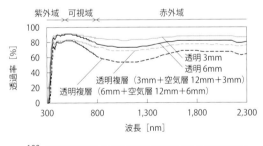

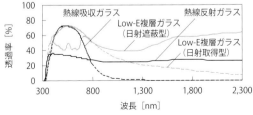

[図1] 各種建築用ガラスの分光透過率

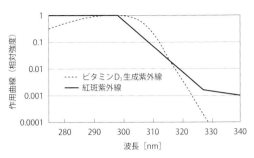

[図2] 紅斑作用曲線とビタミン D₃ 生成作用効果曲線[3]

であれば、UV-A も大幅にカットできる。

　紫外放射は日焼けを気にする人には大敵のように思えるが、私たちの健康に対し大事な役割も果たしてくれる。図2は紫外放射による人間の皮膚の紅斑作用曲線（悪影響）と体内でのビタミン D₃ 生成の作用効果曲線（好影響）である[3]。ビタミン D は、血液中のカルシウム濃度を一定に保とうとする働きをもち、これによって食物からのカルシウム吸収を促進し、成長期におけるくる病の防止、成人期における骨量維持、骨軟化症などの骨の形成異常症防止等に役立つことが期待される[4]。また、大腸がん、乳がん、前立腺がんなど種々のがんに対する予防効果もあるといわれている[5]。ビタミン D には D₂ ～ D₇ の6種類があるが、体内で効果的に作用するのはビタミン D₂ と D₃ である。しかし残念ながら、これらを食事から摂取することはほとんど期待できない。そこで適度に紫外放射を浴びることが必要となる。一日に推奨されるビタミン D の生成量は 15μg/ 日（骨粗鬆症予防・治療の観点からは、10 ～ 20μg/ 日）とされており、このうち日本人の食事摂取基準（2010 年版）によれば食事からは 5.5μg/ 日が摂取できる[6]。推奨値に足りない分は紫外放射の照射によって体内で生成しなければならない。図3 に 10μg のビタミン D₃ を生成するのに必要な紫外放射の照射時間について、いくつかの都市を例に示す。最少紅斑紫外放射照射時間 MED（Minimum Erythema Dose、皮膚が赤くなって炎症を起こす最少の紫外放射量）に達するまでの照射時間も併記し

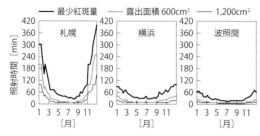

[図3] 一日のビタミン D_3 推奨量生成に必要な紫外放射照射時間（スキンタイプⅢ）

た。この図は、日本人にもっとも多いといわれるスキンタイプⅢの場合で、他のスキンタイプの場合は、表1中に示す補正係数を乗じて、必要照射時間を求める。日本人青年の体表面面積算出式[7]によれば、皮膚の露出面積 600cm² は身長 160 cm、体重 50 kg の場合、体表面全体の約 4%（顔と手の甲を天空に向けた状態に相当）に当たる。皮膚の露出面積を2倍にすれば、必要照射時間は半減できる。時期によって異なるが、照射面積 60 cm² の場合、横浜では 10 ～ 40 分、波照間では 5 ～ 25 分照射すれば推奨されるビタミン D_3 の量を生成できるのに対し、札幌では冬季（12 月、1 月）には 3 時間以上も照射しなければならない。厳冬期に屋外で 3 時間も太陽光を浴び続けることはとても現実的とはいえない。高緯度地域では、冬季の室内に日照を積極的に取り入れるようなしかけが大変重要となる。

[表1] スキンタイプの分類

スキンタイプ	最少紅斑量 MED [J/㎡]	補正係数	肌の色（非露出部）	反応
Ⅰ	200	0.67		
Ⅱ	250	0.83	白	赤くなりやすく、黒くなりにくい
Ⅲ	300	1.00	白	適度には赤くなり、即時型黒化現象により徐々に色がつく
Ⅳ	450	1.50	薄色の茶	赤くなりにくく、即時型黒化現象によりすぐに色が濃くなる
Ⅴ	600	2.00		
Ⅵ	1,000	3.33		

図2からわかるように、人間にとって悪影響をもたらす波長域と好影響をもたらす波長域はほぼ重なっている。病院やオフィスなどの室内に終日滞在

しなければならないような人のためには、居室に入射する紫外放射は、窓ガラスや各種窓装備を用いて確実にカットし、別途、任意で太陽光にアクセス可能なスペース（休憩室、談話室、リフレッシュのための空間など）を設けるとよい。ただし、ヒトの身体でビタミン D_3 の血中濃度は一定に維持されるため、過剰に浴びても無意味（UV-B も過剰に浴びれば皮膚がんの原因となる）なこともよく理解しておく必要がある。

6.2 夜間の光曝露による健康リスクを軽減するには？

近年、健康に対する関心がこれまで以上に高まってきている。健康を左右する因子は、運動や栄養などさまざまあるが、まずは良質な睡眠を確保することが基本となる。

ヒトの生理現象（体温、心拍、ホルモン分泌など）は約 24 時間周期で変動する。睡眠のリズムも約 24 時間を周期とするが、一定の環境で時間的な手掛かりもなく過ごすと、24 時間よりも長い周期（フリーラン・リズムという）になることが知られている。フリーラン・リズムを約 24 時間周期の概日リズム（サーカディアン・リズム[注] ともいう）に同調させる最大の因子が光である。

光によって睡眠の不調を治療することはこれまでにも実践されてきた[8]。光は積極的に治療に用いることができる一方で、不適切な光曝露によって睡眠の不調を招くこともある。世の中には、職業柄やむを得ずサーカディアン・リズム上、不適切な時間帯に不適切な光曝露を受けてしまう人たちもいる。看護師やパイロットなど、夜間にも勤務する人たちである。また、慢性的な睡眠不足によって、乳がんや心臓病、肥満のリスクが高まる[9][10]という調査結果も出ている。国際がん研究機関 IARC（International Agency for Research on Cancer）による発がん性分類では、交替制勤務はリスクの高い順に上から 2 番目のグループ 2A（ヒトに対しておそらく発がん性がある）に分類されている[11]。デンマークでは、20 年以上の交替制勤務従事の後に乳

注）circadian rhythm　生物にもともと備わる、1 日を単位とする生命現象のリズム（体内時計）。たとえば、植物の葉の運動、動物の睡眠と覚醒など。

がんを罹患した場合には、労働災害補償保険による給付が受けられる。

ヒトに対する光の視覚的効果は網膜上の錐体細胞が光を受容することによって引き起こされるが、光の非視覚的効果は5つの光受容器（S錐体、M錐体、L錐体、ipRGC（内因性光感受性神経節細胞、Intrinsically Photosensitive Retinal Ganglion Cell）、桿体）における反応が混合して引き起こされる（図4）。この5つの光受容器に対する非視覚的効果は、図5に示す相対分光効率のテンプレートと曝露光の分光放射エネルギーから、式（1）に示す非視覚的光受容に関する単位（α-opic効率、α-opicには光色素に応じてシアノピック、クロロピック、エリスロピック、メラノピック、ロドピックといった言葉が入る）を求めて定量化することが国際照明委員会CIE標準で定められている[12]。このテンプレートは、ipRGCの影響を受けたうえでの各光受容器の分光効率として定められている。また、各光受容器に対する非視覚的効果の程度を、等価な視覚的効果に置き換える単位として、式（2）に示す等価α-opic照度 $E\alpha$ が定義されている。中でもα-opic

をipRGCとしたものが等価メラノピック照度（単位は、メラノピックルクス、EML）で、WELL認証[13]の中で正常なサーカディアン・リズムのための照明環境となっているかを評価するための測定項目に採用されている。

$$K_{\alpha,V} = \frac{\phi\alpha}{\phi V} = \frac{\int \phi_{e\lambda}(\lambda) S_\alpha(\lambda) d\lambda}{K_m \int \phi_{e\lambda}(\lambda) V(\lambda) d\lambda} \qquad 式（1）$$

$$E_\alpha = K_s \int \phi_{e\lambda}(\lambda) S_\alpha(\lambda) d\lambda \qquad 式（2）$$

$K_{\alpha,V}$：α-opic照度［W/lm］

E_α：等価α-opic照度［α-opic lm/㎡］

$\phi_{e\lambda}(\lambda)$：曝露光の分光放射束密度［W/nm］

$S_\alpha(\lambda)$：光受容器α-opicの相対分光効率［-］

$V(\lambda)$：標準分光視感効率［-］

K_m：明所視における最大分光感効率（= 683,002 lm/W）

K_s：分光効率定数（= 72,983.25 α-lm/W）

この方法で各種光源のipRGCによる非視覚的光受容に関する単位 K_{mel}, V を算出すると、図6のようになる。現在、一般照明用として販売されている多くのLED光源のピーク波長がipRGCの感度のピークとほぼ一致することから、LED照明によるサーカディアン・リズムへの悪影響を危惧する声が一時期強まったことがある。しかし、現段階で定められている定量的な評価方法でいくと、白熱電球も蛍光ランプもLED電球も分光分布は違えども、相関色温度がほぼ等しければ、非視覚的影響の

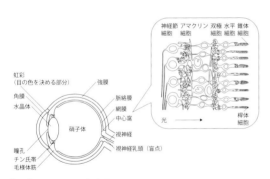

［図4］光をとらえる細胞層

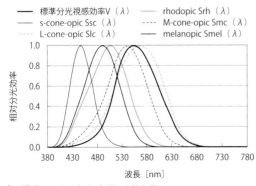

［図5］5つの光受容器の相対分光効率[12]

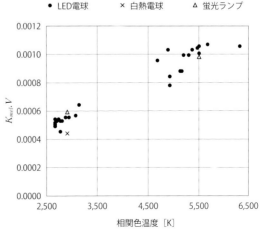

［図6］各種光源のipRGCによる非視覚的光受容の単位

程度はほぼ同程度と見込まれる。光源の種類よりも、（相関）色温度をどう選択、設定するかが非視覚的影響に配慮した照明計画を行ううえでははるかに重要ということである。

このように、曝露光の視覚的効果（式（1）の分母は光束）に対する各光受容器の非視覚的光受容の程度を数値化することはできるが、5つの光受容器が混合して最終的にヒトのサーカディアン・リズムに対してどのような作用をもたらすのかは、実のところ定かでない。睡眠に関しては、サーカディアン・リズムへの影響を表すマーカーとして、メラトニンホルモン[注]の光による分泌抑制率がよく用いられている。夜間の光曝露によるメラトニンの分泌抑制の度合いについては、いくつかの研究事例がある。図7に、夜間のメラトニン分泌抑制に対する各波長の影響度（アクション・スペクトル）の例と目の標準分光視感度を比較する[14) 15)]。研究者ごとに実験で扱った条件が異なるため、結果もそれぞれ若干の違いはあるが、いずれの研究結果でも目の視感度よりも短波長側にメラトニン分泌抑制のピークはあるようだ。起床から約14時間以降にメラトニン分泌が始まり、さらにその1～2時間後に自然の眠気が現れるため[8)]、夕方以降（たとえば、朝6時に起きた場合は、夜8時以降）、照明の色温度は低くするのが睡眠への影響を避けるうえでよい。オフィスなどで朝から夜まで使用に供する建物の居室には、調光・調色できる照明器具を用いて、サーカディアン・リズム形成の観点から、時間帯に応じて適正な光環境に設定することが、作業のための視環境形成以外にも望まれる。

6.3 | 日中の積極的な光の活用によるよい生理的効果

6.1、6.2だけを読むと、何やら光はヒトの健康に対して悪影響しかないように思える。しかしそれは大きな間違いである。夜間の過剰な光曝露が睡眠を妨げるということとは逆に、朝や日中の光曝露は体内時計を早めたり、注意や覚醒レベルを向上させることもできるのである。

いくつかの研究事例、実践例を紹介しよう。

時刻は7:30～18:00、暗条件（50 lx未満）と明条件（昼光と補助人工照明で5,000 lx以上）に設定した実験室に4日間滞在させ、夜間の唾液中メラトニン分泌と夜間の睡眠状態、起床時の睡眠感主観評価への影響を調査した研究結果[16)]では、朝食におけるトリプトファン（アミノ酸の一種で、大豆製品、乳製品、穀類に多く含まれる。トリプトファンからセロトニンが生成された後にメラトニンが生成される）採取量（トリプトファンRich/Poor）との組合せ条件ではあるが、実験開始から4日目には明条件と暗条件とでメラトニン分泌開始時間に有意な差が生じている。日中に曝露される光量が少ないと、図8の灰色の実線と点線の暗条件に示すように、夜間のメラトニン分泌はなかなか活発にならない（この実験では、朝7時に起床しているので、14時間後の21時からメラトニン分泌が自然発生する）。しかし、明条件に曝露した場合は、実験開始から4日目には（図8中、黒色の実線と点線）、19時ごろよりメラトニン分泌が活発になり始めており、自然のリズムより2時間ほどの位相前進が見られる。つまり、食事の内容よりも、日中にたくさんの光を浴びることがメラトニンの分泌を促進、すなわ

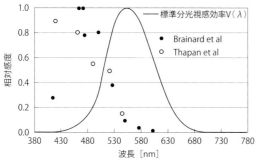

[図7] 夜間のメラトニン分泌抑制感度[14) 15)]

注）メラトニンホルモン
脳の松果体でつくられ分泌される。睡眠のリズムなどを調節していると考えられている。

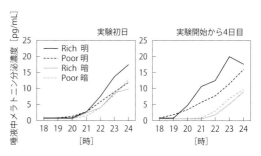

[図8] 日中の光曝露によるメラトニン分泌への効果[16)]

ち体内時計を進めるのに効果があるということだ。しかし、日中に室内で 5,000 lx の光を浴び続けるというのは決して現実的でない。自然光で 5,000 lx を得ようとすれば直射日光が含まれることになりグレアや温熱環境に支障をきたす。人工照明で得ようとすれば多少なりとも省エネルギーに反することになる。

　時間帯に応じた照度・相関色温度の変化が日中の作業や夜間の睡眠にもたらす効果について検証した研究[17]では、オフィスを想定した実験室の執務時間中（9:00 〜 18:00）の曝露光条件（一日を通して 400 lx 一定、朝から夕方にかけて高照度から低照度に変化（750 lx → 200 lx にゆるやかに減光、午前中 500 lx 一定→午後から夕方にかけて 200 lx まで減光）、相関色温度 5,000 K、実験中の曝露総光量は同じ）と帰宅後夜間の曝露光条件（机上面照度 37.5 lx/225 lx、相関色温度 3,000 K）の組合せによる夜間の睡眠への影響を比較している。オフィス執務室で低照度化することについては、作業効率への影響や視覚疲労がしばしば懸念されるが、図9にあるとおり、自発光しているパソコンでの作業であれば、低照度にしても作業効率が低下することはない。また、モニター画面の輝度による視覚疲労（フリッカー閾値変化率）の差はあっても、環境照明の設定照度による視覚疲労への影響はほぼない。夜間の睡眠への影響については、図10の結果にあるように、自宅の夜間照明環境を低照度にすることが第一であるが、夜間に極端に低照度に設定できない場合でも、日中のオフィスにおける曝露光量を午前中から夕方にかけて減らしていくことで、夜間の睡眠が若干改善されることも期待できる。

　一日をかけた照明環境の調整でなくとも、短時間

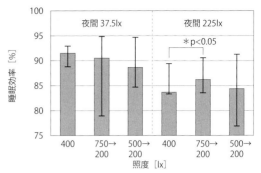

[図10] 一日の光曝露条件と睡眠効率 [17]

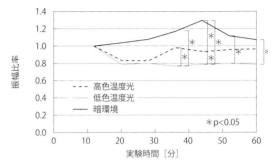

[図11] 昼食後の光曝露によるアルファ波への影響 [19]

の光曝露による生理的効果を検証した研究報告もある。早朝（8:30）に 6,000 K、1,500 lx の高色温度・高照度光を 60 分間照射することでアルファ波（覚醒時にリラックス状態で出現し、注意によって抑制される）が有意に抑制され、短期的に覚醒すること[18]や、昼食後の眠気を生じる時間帯（14:30 〜 15:30）に 100 lx の光に曝露した場合、図11に示すように暗環境に比べ低色温度光（2,300 K）で注意の状態が維持されること[19]などが報告されている。

　ここで紹介した研究事例は、いずれも実験的に行われた（光環境以外の条件は比較的統制されている）研究の結果であり、実際には光環境以外の要因（食事や運動、社会的なストレスなど）がヒトの睡眠、覚醒レベルなどに対してもたらす影響が圧倒的に大きい。しかし、少なからずよい効果がある環境設定については、積極的に試して損はないだろう。

6.4 | 夜の光と生態系（ヒト以外への光の影響）

　光の非視覚的影響は対人間に限ったことではない。花芽の形成や落葉、稲の出穂、家禽の繁殖・代謝機能などは、いずれも日長の年間変動を感知して適切なサイクルが刻まれるものである。しかし、季節に

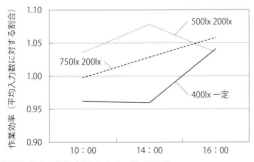

[図9] 日中の作業（英文タイピング）効率 [17]

[図12] 深刻な光害が指摘されるシンガポールの街路灯

樹が落葉しないといった影響が出ている[20]。このように良好な光環境の形成をめざした設計が、人工光の不適切あるいは配慮に欠けた使用や運用、漏れ光によって阻害されている状況、またはそれによる悪影響のことを"光害"（公害の読み方と区別するために、"ひかりがい"と読むこともある）という。

その一方で、都市の照明には、防犯、歩行者の安全・安心確保といった役目も期待される。夜間屋外に設置される照明は、観光都市としての機能付加や都市のにぎわい創出などにも一役買ってくれる。光害防止と安全・安心の確保が相対することにならないよう、その場所、その時間帯の光環境がどうあるべきかを考える必要がある。

光害の原因となるものは、照明する対象（歩行者のための路面、ライトアップする外壁面など）以外のところ（天空や田畑など）に不必要な光を放射す

応じて本来暗くなるはずの時間帯にも街路灯などによって十分に暗くならない都市部などでは、秋になっても光が照射されるエリアで米の登熟（種子が発育・肥大すること）が遅れる、冬になっても落葉

COLUMN 06-01

昼光の変動を活かした採光装置

T-Light Cube　大成建設技術センター ZEB 実証棟

これまでオフィス照明には時間的・空間的に均質な光環境が求められていたが、本装置は季節や天候、時間によって変動することを昼光の価値ととらえて計画された。①建物室奥まで光を導けること、②太陽高度に左右されない採光ができること、③まぶしさ感を与えないこと、④光量の低下につながる鏡面の反射回数を抑えること、以上の4つの課題を固定式装置として実現する目標を掲げ、開発を行った。

本装置の断面形状は、光環境シミュレーションと最適化計算を連成させ、室奥の採光量がもっとも高く、かつ執務者にまぶしさを生じないと

いう条件を満たす形状を導いた結果、下側の鏡面性の曲面に直射日光を受け、反射させる図1の形状となった。高い太陽高度の光を除き、あらゆる太陽高度の光を一つの曲面で室奥へ反射するため、光量の低下を最小限に抑えることができる。

実際、本装置を設置したオフィスでは、夏期の昼光において、午前中のピーク時では 600 lx 前後、午後のピーク時では 100〜300 lx の照度が得られている（窓面のブラインドを全閉とした採光装置のみの光による室内照度を測定）。

（鹿毛比奈子）

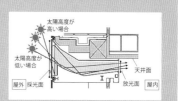

図1　異なる太陽高度の導光

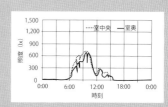

図2　室内照度変化

るものである。たとえば、街路灯、看板照明、建物内の照明からの漏れ光、街路灯などの光が地物で反射された光が光害の原因となる。目的があって設置する照明が不本意に光害の原因とならないために、以下のような配慮があるとよい。

①照明対象エリア以外に光が漏れないよう、適切な配光の照明器具を選ぶ、あるいは配光をコントロールする（照明器具の笠の形状の工夫、遮光板の設置など）。

②天空への光放射防止に、上方光束のない照明器具を選定する。

③照明の点灯時間帯をきちんとコントロールする。

④建物内部から窓ガラスを通して光が漏れないように、ブラインドやカーテンなどを夜間はしっかり閉じる（そうすることで、ブラインド・カーテンからの反射光による室内の明るさ向上にもつながる）。

⑤農作物などで影響対象が特定できる場合は、その農作物に害のない波長域の光源を用いる。

日本は世界に先駆けて、1998年に現環境省より『光害対策ガイドライン』を発行している[21]（その後、国際照明委員会CIEから2003年に発行された技術レポートCIE150[22]の内容を考慮して2006

COLUMN 06-02

高齢者福祉施設向け「リズムサポート照明システム」

背景

人の覚醒と睡眠のリズムは24時間より少し長い場合が多いことが知られている。そのため、毎日少しずつリズムを調整して24時間のサイクルに合わせる必要があるが、その調整のための物理的な要因として、「光」の影響が最大であることがわかっており[1]、朝に十分な光を浴びることが効果的である。

一方、人の覚醒と睡眠のリズムは加齢とともに弱体化するといわれており、深い眠りの減少、中途覚醒の増加などによる高齢者のQOLの低下が課題となっている。また、介護が必要な高齢者の夜間睡眠の質の低下に伴う介護者の負担の増大も課題となる。

リズムサポート照明システム

調光調色が可能なLED照明器具と制御システムで構成された「リズムサポート照明システム」が開発され、高齢者福祉施設で活用されはじめている。このシステムは、照明の明るさと色を一日の自然光に合わせた特定のスケジュールで運用する照明システムであり、高齢者福祉施設のデイルームや食堂など、入所者が日中の多くを過ごす共用部に設置された。

日中は明るい光で生活リズムを整えつつ、まぶしさにも配慮した和やかな雰囲気を演出。日の入り後は、夜間の睡眠を阻害しない、低照度・低色温度でありながら、薄暗さを感じにくい、くつろぎのあかり空間となる。

実証実験

このシステムを試験導入した老人保健施設の食堂兼リビングルームにおいて、入居高齢者およびスタッフへの効果を検証する実証実験が実施された。朝食時と昼食時の合計2時間を最低受光時間とし、従来照明（白色）環境下とリズムサポート照明システム利用後の、入居高齢者が夜間に寝ていた時間の割合と、スタッフが推奨仮眠時間帯において横になれた時間が比較された。

実験の結果、入居高齢者が夜間に寝ている時間の割合[注]が12%増加し、スタッフが横になれた時間が46分増加したことがわかった。

（向 健二）

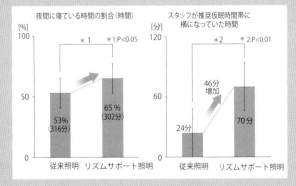

1) 本間研一他：生体リズムの研究，北海道大学図書刊行会，1989
注）横になっている時間に対する寝ている時間の割合
参照Webページ　https://news.panasonic.com/jp/press/data/2020/01/jn200109-1/jn200109-1.html

年に改訂）。CIE150 はその後 2017 年に改訂され
ているが [23]、照明の LED 化が進んだことを受け
て、以前よりもより厳しい規制値が定められている。
日本の照明環境もここ 10 年間でかなり変化したが、
いまだに日本人の 7 割は肉眼で天の川が見えない
地域に住んでいるとの調査報告もある [24]。フラン
スでは環境グルネル（環境懇談会法）を 2008 年か
ら施行しており、人々、動物、植生、生態系に危険
や大きな障害を与え、エネルギーを浪費し、空の観
測をさまたげる人工光の発生は、予防、禁止、制限
の対象となっている。日本では、光害の規制はまだ
法律化されてはいないが、技術・設計力の向上に加
え、明るいことが豊かさの象徴ではないという意識
への転換、民度の向上によって適切な夜間光環境が
保たれることに期待したい。　　　　（望月悦子）

参考文献

1) CIE S 017/E: 2020 International Lighting Vocabulary
2) 佐藤愛子、利島保、大石正、井深信男編集：光と人間の生活ハンドブック、pp.46-70、朝倉書店
3) CIE 174: 2006 Action spectrum for the production of previtamin D3 in human skin (2006)
4) 日本栄養・食糧学会編：栄養・食糧学用語辞典（第 2 版）、p.531、建帛社 (2015)
5) CIE 201: 2011 Recommendations on minimum levels of solar UV exposure (2011)
6) 厚生労働省：ビタミン D「日本人の食事摂取基準（2015 年版）」策定検討会報告書、pp.170-175 (2015)
7) 蔵澄美仁、堀越哲美、土川忠浩、松原斎樹：日本人の体表面積に関する研究、日本生気象学会雑誌、Vol.31、No.1、pp.5-29 (1994)
8) 大川匡子：生体リズムと光、照明学会氏誌 第 93 巻、第 3 号、pp.128-133 (2009)
9) Blask DE: Melatonin, sleep disturbance and cancer risk, Sleep Medicine Reviews 13 (4), pp.257-264 (2009)
10) Filipski et al.: Disruption of circadian coordination and malignant growth, Cancer Causes and Control 17 (4), pp. 509-514 (2006)
11) 国際がん研究機関 IARC ホームページ：https://monographs.iarc.fr/agents-classified-by-the-iarc/ (2019/10/29 検索)
12) CIE S 026/E:2018 CIE System for Metrology of Optical Radiation for ipRGC-Influenced Responses to Light (2018)
13) グリーンビルディングジャパンホームページ：https://www.gbj.or.jp/well_japanese20170821/ (2019/11/2 検索)
14) Brainard, G.C., Hanifin, J.P., Greeson, J.M., Byrne, B., Glickman, G., Gerner, E. and Rollag. M.D.: Action Spectrum for Melatonin Regulation in Humans: Evidence for A Novel Circadian Photoreceptor, J. Neurosci., 21-16, pp.6405-6412 (2001)
15) Thapan, K., Arendt, J. and Skene, D.J.: An Action Spectrum for Melatonin Suppression: Evidence for a Novel Non-Rod, Non-Cone Photoreceptor System in Humans, J. Physiol., 535-1, pp.261-267 (2001)
16) Fukushige, H. et al.: Effects of tryptophan-rich breakfast and light exposure during the daytime on melatonin secretion at night, J. Physiological Anthropology, 33:33 DOI: 10.1186/1880-6805-33-33 (2014)
17) たとえば、Ishii, C., Mochizuki, E.: Combined effects on sleeping quality of lighting environment in the daytime and that in the nighttime, Proceedings of CIE Centenary Conference "Towards a New Century of Light", pp.1144-1152 (2013)
18) 仲嶋亜弓、明石行生、安倍博：光刺激制御が生体リズムに及ぼす影響、照明学会全国大会講演論文集、8-20 (2012)
19) 古賀靖子：照明空間の光色と昼食後の覚醒水準、日本建築学会大会学術講演梗概集、環境工学 I、pp.515-516 (2015)
20) 三沢彰、高倉博史：夜間照明による街路樹の落葉期への影響, 造園雑誌、53 (5)、pp.127-132 (1990)
21) 環境省：光害対策ガイドライン（平成 18 年 12 月改訂版）
22) CIE150: 2003 Guide on the limitation of effects of obtrusive light from outdoor lighting installations
23) CIE150: 2017 Guide on the Limitation on the Effects of Obtrusive Light, 2nd edition
24) Fabio Falchi et al.: The new world atlas of artificial night sky brightness, Science Advances, Vol.2, No.6 DOI: 10.1126/sciadv.1600377 (2016)

索　引

テーマでとく **光のデザイン手法と技術**

2020年11月10日　第1版発行

編　者　日　本　建　築　学　会
発行者　下　　出　　雅　　徳
発行所　株式会社　彰　国　社

162-0067　東京都新宿区富久町8-21
電話　03-3359-3231（大代表）
振替口座　00160-2-173401

著作権者と
の協定によ
り検印省略

自然科学書協会会員
工学書協会会員

Printed in Japan

ⓒ日本建築学会　2020年

印刷：三美印刷　製本：誠幸堂

ISBN978-4-395-32157-5　C3052　　https://www.shokokusha.co.jp